Hannah Arendt

ハンナ・アーレント講義

新しい世界のために

Julia Kristeva

ジュリア・クリステヴァ

青木隆嘉＝訳

論創社

HANNAH ARENDT: Life is a Narrative by Julia Kristeva

Original edition published by University of Toronto Press, Toronto, Canada.
Japanese translation rights arranged with
University of Toronto Press, Canada
through Tuttle-Mori Agency, Inc., Tokyo

ハンナ・アーレント講義

目次

開講にあたって …… 1
第1講 〈生きること〉と〈語ること〉 …… 3
第2講 アーレントとアリストテレス――〈語り〉の擁護 …… 13
第3講 二〇世紀の証言者たち …… 33
第4講 〈人物〉と身体 …… 53
第5講 判断〔裁き〕 …… 73

原注　93
解題（青木隆嘉）　107
訳者あとがき　161

開講にあたって

まずネッセルロート教授にお礼を申しあげます。教授は比較文学センターにご招待いただき、質の高いトロント大学の学生の皆さんや教授のお方々と知り合うチャンスを与えてくださいました。とくに大学のポール・ペロン教授とフランク・コリンズ教授に感謝申しあげます。ペロン教授は名声あるアレグザンダー・レクチャーズにお誘いくださり、コリンズ教授はわたしの講義を翻訳してくださいました。

この講義でお話しするのは、ハンナ・アーレントの仕事の哲学的な側面である言語や自己、身体や政治的空間、そして生といった概念の理解についてであります。アーレントのもうよく知られていて、非常に真剣に論じられている『全体主義の起源』や『エルサレムのアイヒマン』や『共和国の危機』のような、政治に関する著作について述べようとは思っていません。もっとも、そういう著作のことはいつも念頭にあって、みなさんもわたしの議論を聴いている間そういう著作のことを考えていてください。政治よりも哲学にかかわる考察によって、間接的にではありますが、アーレントの主張に関する誤解が明らかになるとともに、アーレント自身の矛盾している点についても明らかにするのに役立てば幸いだと思っています。

第1講　〈生きること〉と〈語ること〉

ハンナ・アーレント（1906-1975）にこういう文章があります。「ある人々はその独特の生き方に（つまりまさにその生き方にであって、たとえば特殊な人物だからではないのですが）どういう人物であるかがあらわになっていて、そのためいわば〈生〉の集結点とか具体的形態になるかのように思われます」(1)。この文章にはアーレント自身の運命が予示されていますが、これを書いているアーレントはまだ二四歳です。アーレントはハイデガーに出会って恋に陥りましたが、アーレントにとってはその後も一生、ハイデガーは魅惑的な人物でした。アーレントはすでにカール・ヤスパースのもとで、『聖アウグスティヌスにおける愛の概念』(2)という学位論文の試問を終えていました。この文章で打ち明けている相手はこのヤスパースなのですが、アーレントには、「〈生〉の集結点とか具体的形態」と言い切れるほど自分が「どういう人物であるかがあらわになる」のが初めからわかっているのです。

アーレントは神学者になろうと考えていましたが、やがて形而上学を学んで、形而上学を「解体する」仕事に打ち込むにつれて、形而上学に代わって生そのものが、若いアーレントの思索にとって基本的な領域となってきました。まず何よりも生存そのものさえ問題になったのです。ハンナ・アーレントは生きのびるために、一九三三年にドイツを去り、亡命することでショアーを逃れなければならなかったからです。荒廃したヨーロッパを横断して最初はパリへ逃れ、最後には一九四一年にニューヨークに逃れました。十年後にニューヨークでアメリカの市民権を取得しました。アーレントは政治評論家となって反ユダヤ主義の歴史と全体主義の起源に関する重要な研究を発表したのち、あらためて精神の活動について真正面から根本的な考察をおこないました。

生きることと思考は同一であると考える情熱的な思想を最初からいだいていたため、アーレントの思想的オデュッセイアは変化がみられるものの根本的には一貫しています。その中心を占めているのは、まさに生（＝活動）という解明されるべき概念にほかなりません。というのも、ハンナ・アーレントは「思考を職業としている者」ではなく、思考を自分の生（＝活動）の中心にすえているからです。女性にとっては（フロイト的な意味の）「抑圧」が「問題の元」だといわれ、男性ならうまくこなせる純粋思考という堅固な要塞に閉じこもるのは女性には難しく、女性は身辺の雑務や人間関係のうちに深く根を下ろしているだけに、いかにもアーレントらしいこの特徴をみると、そこに女性独特のものが認められると思いたくなるかもしれません(3)。

もっと重要なことですが、アーレントが政治史や形而上学の歴史を論じるときに、その思考の中核となっているのが生というテーマなのです。そして歴史上の多種多様な出来事を取りあげるなかで、このテーマはしだいに洗練され磨きあげられていきます。ナチズムとスターリニズムは人間的な生をひとしく否定する全体主義であるかぎり、同じおぞましいものの二つの顔であることを、アーレントが（多大な抵抗に臆することなく）堂々と理性的に論証するとき、その思考を支えているのもこのテーマなのです。

憤激にアイロニーの色合いが加わったアーレントの重々しい語り口は、時として黙示録めいた口調にもなって、そこにアーレントの憂慮の深さがうかがえます。「人間を無用視する」（カント的な意味で）「倒錯した意志」には「根元的な悪」があるとアーレントが診断をくだすときがそうですが、これは別の言い方をしますと、過去のものでもまだ潜在しているものでも、全体主義的な人間は、自分自身の生を含めあらゆる生の意味を根絶して、人間的な生を破壊するということです。いやそれ以上です。アーレントは人間的な生を「無用視する傾向」が帝国主義の興隆のうちに認められることを力説していますが、オートメーションに支配されている現代の民主主義社会でも、そういう傾向はなくなっているどころではありません。

「……根元的な悪はすべての人々をひとしく無用視するシステムと結びついて現れたと言っていい。そういうシステムを操っている者たちは、他の人々を無用だと思っているだけでなく、自分自身も無用だと思っている。全体主義における殺戮者たちがそれ以上に危険なのは、かれらが自分の生死を意に介することなく、自分は生まれても生まれなくてもどうでもよかったと思っているからである。死体製造工場や忘却による裂け目がもたらした脅威は、今日では世界中で人口が増加し故郷喪失が深まるとともに、無数の人々が絶えず無用なものとされている事実である。世界を功利主義的な用語で考え続けているかぎり、そうなるほかはない。政治的、社会的、経済的な出来事はいたるところで、人々を無用なものとすべく考案された全体主義のさまざまな機構とひそかに結託しているのである[4]」。

こういう脅威に対して、アーレントが『人間の条件』で力強く擁護するものこそ、まさに生そのものにほかなりません。消費活動を生命過程として捉える決定論によって、あるいは現代技術による「生命過程」への介入によって、型通りに生み出される生命とは正反対に、アーレントは、端的に「生の奇蹟」と呼ぶものを開始するすべての人々の生誕を賞讃します。

「人々の間の出来事の領域としての世界を〈自然にとどまるかぎり〉免れえない破滅から救う奇蹟は、根本的には生誕という事実である。実践の能力の存在論的な根源もこの生誕という事実にほかならない。それは言い換えれば、新しい人々の生誕であり、新しい人々が生誕によって実現できる実践という新たな始まりである。実践の能力が十分に経験される場合に初めて、人々の間の出来事に確信と希望が与えられる。確信と希望は人間であることの二つの本質的な特徴だが、古代ギリシャではまったく無視されていた……。福音書がその〈福音〉を告げた実に素晴らしいごく簡潔な〈われわれに子供が生まれた〉という言葉のうちに言いあらわされていたのが、この世界への確信と希望である[5]」。

キリスト教的であろうとなかろうと民主主義社会にとって神聖な価値である生が、歴史的展開の結果最近生み出されたものであることを認め、生が脅威にさらされかねないことを直視するのは、今日のわたしたちにとってはかなり難しいことになっています。まさにこの根本的価値の探究、つまりこの根本的価値がキリスト教的終末論のうちに構成されてきた過程や、現代世界でこの根本的価値が直面している脅威についての研究が、聖アウグスティヌスに関する「学位論文」から判断力についての未完の草稿にいたるアーレントの仕事を貫いているものなのです。――そして実を言うと、その研究こそ、アーレントの全作品を目立たないかたちで組み立てているものであるかもしれないのです。

それでも、「生の記録（bios-graphie）」を熱烈に賛美するハンナ・アーレントが自叙伝や小説を書くことはありませんでした。哲学者であり政治学者であるアーレントはアリストテレスとともに、見事な「実践（プラクシス）」によって生に画竜点睛をほどこす特権を〈語り〉に認めますが、そういう〈語り〉に近い作品は、若き日の『ラーエル・ファルンハーゲン――あるユダヤ女性の生涯』[6]だけです。この作品が完成したのは一九三三年、聖アウグスティヌス論の後、その同じ年にアーレントがベルリンを去る前でした。ただし最後の二章は一九三八年に後で加えられたものです。しかし一九五八年まで出版されることはありませんでした。

アーレントは思想的活動よりも実践的活動を高く評価します。したがって、観想的活動を続けるアーレントとしては、実践的活動をそこなってきた形而上学の伝統を批判し続け、活動こそ生の実質であることを明らかにして「価値を維持する」仕事に取りかかることになります。もっとも、『人間の条件』でアーレントは、「生命」という観念をすぐれてニヒリスティックな価値だと前例のないかたちで斥けます。生気論に基づいて行動を重視する立場を激しく告発しています。それはホモ・ファーベルを理想化しながら、ホモ・ファーベルをロボット化して「思考」ぬきの「計算」に終始する知識のうちに閉じ込めるものだからです。したがってアーレントは、幸福な生活（beate vivere）や至高存在（summum esse）とは無縁な生である「無にひとしい生」についてのアウグスティヌスの考えを踏まえながら、人間的な生を〔消費に〕還元してしまうコンシューマリズムを酷評しています。そのような生き方では、永続するものが見失われているからです。(7)

アーレントは「個々の生命」は高く評価しないのですが、永遠への熱望を完全に無視した「種の生命」という近代では至高の善とあがめられるものは、「個々の生命」以上に公然と非難していま す。永遠性の探求の代わりに生命の「過程」が登場し、生命過程という観念がニヒリズムの根本価値に祭りあげられているからです。技術や科学にもとづく（永遠性から生命過程への）パラダイムの長期にわたる緩慢な転換過程のなかでも、アーレントがとくに痛撃するのがマルクスです。マルクスは「思考過程はそれ自体が生命過程である」(8)と断定して、人間を「自然化」したからです。そこには、聖なる力を借りることなく生命それ自体を当然のように神格化するような仮面をかぶって、

「労働する動物（animal laborans）」の勝利を確実にしようとする科学者の執念がいかんなく示されているというわけです。

こういう思想の流れとは正反対に、アーレントが提示する生〔＝活動〕は「人間特有のもの」でありまます。この言葉は、生が物語によってあらわされ他の人々に共有されうるかぎりでの「生誕と死との間」を意味しています。これはアーレント初期のアウグスティヌス解釈をすぐれたかたちで言いあらわしたものですが、後年、女性哲学者として経験を積んだことで、これはさらに強固なものにされています。次の文章にそれを明確にうかがうことができます。

「この人間特有の生の出現と消滅が世界の出来事を構成しているわけだが、人間的生の主要な特徴は、生それ自体がつねに根本的に語られることができ、生涯の物語となる出来事に満ちていることである。アリストテレスが〈ある意味で一種の実践（プラクシス）である〉と言ったのは、この生のこと、つまり単なる生命（ゾーエー）とは異なる生（ビオス）のことなのである」(2)。

このように生誕と死を想像し、時間のなかにあるものとして思い描き、他の人々に説明して聴かせうること、すなわち語りうるところに、人間的な生の根源が非動物的で非生理学的な独自のもののうちにあることが示されているのです。「力の意志（la volonté de puissance）」を生の正常な欲望だと考えるニーチェを暗に踏まえながらも、生物学用語を用いるニーチェの表現から、ひそかにハイデガーの「穏やかな」詩的表現へ向きを変えて、アーレントは物語るというプ、ラ、ク、シ、スを復権させようとしています。超然たる詩的作品に立ち向かって、「人間特有のもの」にもとづいて生を実現しうるのは〈語り〉である実践、実践である〈語り〉だけだというわけです。この概念がアリストテレスに由来することは明らかですが、生と〈語り〉と政治のそれぞれの運命が、この概念のうちに結びつけられています。すなわち、〈語り〉は芸術作品を永続する永遠的なものにしますが、歴史にかかわる物語としては、（ギリシア人以来いつも脅かされてきた）最高の意味での政治的な生を織りなすことによってポリスの生の伴奏を奏でるのです。

最後に、ハンナ・アーレントの思考は、第三段階へ進みます。実践的活動（vita activa）に関する考察は放棄されるわけではありませんが背景にさがって、「精神の活動（the life of the mind）」[10]についての考察が思考の中心を占めることになります。「精神の活動」を「思考」「意志」「判断」という三つの要素に分解して明らかにしようとするものです。この仕事はすでに『人間の条件』で始められていたものです。人間の諸活動（労働、仕事、実践、実践的活動／観想的活動）のヒエラルキーをくつがえすことが、同時に思考と生のどちらも破壊し、思考と生を脅かすことはまちがいないのですが、生を救うためには、生の多種多様な変形や変質とその結果生まれる複雑な形態に関して、今もなお継続している研究にただちに戻ってみなければなりません。キリスト教的終末論に含まれ哲学の一部にもなっている生と思考の入りくんだ関係を引き継いで、アーレントは「精神」の脱構築と「歴史」とを共鳴させることによって、生命を「価値」そのものとする人間主義的イデオロギーの信念の誤りを示そうとしています。生が実現するのは、意味と実践のいずれについても「探究」を止めないかぎりでしかないからです。アーレントが「人間という存在に意味を与え人間としての在り方を輝かす源泉そのものをなすのは、実践において〔人物が〕あらわになるという特徴と、物語を作って歴史的なものとなる能力との協同にほかならない[11]」と言うのもこのためです。

第2講　アーレントとアリストテレス——〈語り〉の擁護

アーレントの若き日のテキスト（聖アウグスティヌスに関する学位論文と『ラーエル・ファルンハーゲン』）と全体主義に関する有名な著作がどうつながっているかわからなくなっていましたが、それらをつないでいるのは（ストーリーと歴史記述という）語る言葉に示される政治的実践である人間的な生という概念だと思われます。したがってハンナ・アーレントの成熟期における政治に関する著作を読むまえに、アーレントの著作において〈語り〉の擁護だと思われるもの、つまりアーレントがおこなった探究の全体を貫いているものを取りあげなければなりません。アーレントが扱っている物語というコンテキストからみると、政治に関する著作に秘められている哲学的・倫理的な目的がいっそう明らかになってきます。そういう著作のうちに難点や曖昧な箇所をみつけて喜ぶ人々もいましたが、哲学的・倫理的な目的が明らかになれば、そういう問題は雲散霧消することでしょう。それこそ私が狙っていることなのです。

　アーレントに対する今日の批判では、アーレントの政治的非合理性とも言われるものはハイデガーの政治思想に由来するものではないと言われ、アーレントのアリストテレス主義やカント主義がハイデガーのプラトン主義と対立させられます。[1] そこでまず、この二つの対立する等しく図式的な解釈を検討してみることにしましょう。たしかにアーレントは（Stambauch が「開示（disclosure）」、「顕在性（unhiddenness）」、「公共性（publicness）」と訳している）ハイデガーの Erschlossenheit とか Unverborgenheit とか Öffentlichkeit といったテーマを取りあげ、有限性や偶然性や世界喪失を人間的自由の内的構造とするハイデガーの主張を引き受けるとともに、形而上学の脱構築（Abbau）というハイデガーの戦略を採用しています。しかしアーレントはそういう事柄を実存的文脈から引き離して、政治的な文脈へ移し換えています。もっとも、そのような読み直しや移し替えへ視野が広がったのは、アーレント自身がニーチェとハイデガーに親しんだあとでアリストテレスとカントを解釈し直したからにほかなりません。

『ニコマコス倫理学』を解釈することによってアーレントは『人間の条件』では、製作活動であるポイエーシスを実践活動であるプラクシスと区別しています。アーレントは作品の製作にひそむ限界に注意をうながしています。すなわち労働や「作品」あるいは「製品」では、躍動する人間的経験が所定の「目的」をめざす「手段」として「使用される」「もの」のうちに「物象化」されるわけです。このように理解されるポイエーシスには、人間の条件を制圧する物象化や功利主義の種子がすでに含まれています。他方、「出現の空間」あるいは「公共空間」とみられるポリスでは逆に、構築（生産）ではなく「ありうべき人間の在り方」である実践（プラクシス）が展開されます。アリストテレスにおけるエネルゲイア（現勢態）という概念[2]を使って言えば、プラクシスに含まれている活動は、特定の目標をめざすのではなく（ateleis）、作品を残すこともなく（par' autas erga）、「それ自身において意味に満ちている実践だけで自己完結する」活動なのです。

アーレントはホメロスが歌ったトロイア人やヘロドトスやトゥキュディデスにポリスのモデルを

求めていますが、そのポリスこそ、そういう実践に最適の場所です。このポリスも特定の場所に物理的に存在するにすぎないのは、法に基づくローマの都市国家と同じですが、ポリスはそれにとどまらず、「協同の行為と言葉によって始まる人々の組織」[3]であって、「他の人々が自分に現れるように自分も他の人々に現れる」[4]なら「いつどこにでも」出現しうる組織です。したがってポリスは「間にある」場所であり、「間の領域（inter-esse）」なのです。このようなモデルの基礎は「行為と言葉」にほかならず、他者がいなければありえないものなのです。では、どういう言葉なのでしょうか。

ハイデガーの教えに従ってアーレントは、言語が実質をなしている詩こそ、まさにその事実からして「もっとも人間的な芸術」であり、芸術を生みだす思索に近いことを力説します。詩が物象化されず功利的な対象にならないのはそのためであり、詩は「凝縮され」て「追憶」に資するものだから、詩が言語の本質を現実化するというわけです。しかし他方では、詩は世界をもっとも超越したものであって、「間の領域（inter-esse）」から懸け離れたものでもあります。ではそのような詩の言葉は、どういう仕方でポリスに登場し、ポリスの英雄たちの至芸を謳いあげるものとなるのでしょうか。

「人間関係の網の目」のなかで言葉を支え援助するものは、プロネーシスと呼ばれる実践的な智慧ないし思慮、あるいは賢明な判断力であって、これは観想による知識であるソピアとは区別しなければなりません。新しく入ってきたあらゆる人の実践と言葉に関してかならず「君はどういう人物なのだ」という問いかけがなされますが、まさにこの問いに対して答えられるような語り方（レクシス）をみいだすことが必要なのです。その役目をはたすのは、歴史について作り上げられたストーリーを語る語り方です。アリストテレスに解釈を加えながらアーレントは、（ストーリーと歴史叙述という）二通りの語り方を明確にする一つの方法を提示しています。それはフォルマリスムの物語理論ともポール・リクールの理論とも異なる独創的な方法です。

真の歴史記述と作り上げられたストーリーとの違いを暗に認めたうえで、アーレントが最初に特別な価値を認めているのは、ギリシャのポリスというモデルでの英雄たち特有の偉業です。「半神」であるわけではありませんが、ホメロスの英雄たちには独特の特徴があります。しかしその特徴は、「すべての自由人にありうる」[5]ものですから、けっして英雄たちだけのものではありません。ポリスという出現の空間では、すべての者がまさに「実践し語ることに同意して」、安全な場所を出て他人の目に自分をさらし、他の人々と共に「敢えて〔自分を〕あらわにする」だけの「独特の勇気」を示すことが求められるのです。そういう勇気が、自分が何であるかではなく自分はどういう人物であるかを示す「開示」にとっての政治的な第一条件です。その次に競技において、人物のほどが他の人々とくらべられ、その競争でどれほど卓越しているかが示されるわけです。卓越が測られるのは勝利によってではありません。行為の動機や結果によってでもありません。卓越は「すばらしさ（メゲトス）」にあるのです。(6)これは政治的評価の問題なのですが、それは平凡なものを抜きんでたもの、普通でないものがはっきりと示されるのは、人間関係の網の目においてだからです。

偉業がいかに英雄的なものであっても、行為者自身が、あるいは行為者だけで、英雄的な行為を生みだすわけではないことに注目しましょう。英雄的な行為は、記憶されうるものとなって初めて英雄的行為となるのです。では、その記憶はどこにみいだされるのでしょうか。それに関するストーリーを仕上げるのは目撃者であって、目撃者が行為のあとに生まれる思考によってストーリーを仕上げるわけです。記憶を呼び起こすことによってストーリーができあがるのであって、記憶が蘇らなければ何ひとつ語るべきものはありません。ポリスを記憶と（あるいは）歴史記述（歴史物語）を創りだす組織へ転換するものは、行為者ではなくて目撃者なのです。目撃者が記憶を有し思考するかぎりでそうなのです。

このことこそアーレントの思想の核心です。現実の歴史が語られる歴史となるには、分けようのない二つの条件があります。第一の条件は「間の領域（inter-esse）」が存在すること、第二の条件は「間の領域」の内部で、「間の領域」によって実現されるものです。物語がどういう運命をたどるかは「間の領域」次第ですが、そこでは最後には、事後的に体験から分離して記憶が生成し展開する一連の経過が現れます。こうした条件を満たして初めて、「プロット」が語られ、「事実」が「共有できる考え」というかたちで現れることになります。

アーレントは現代文化の危機を「忘却の脅威」として特徴づけるときに、物語の底にある記憶に示される「人間存在の深い次元」に立ち返っています。

「悲劇が始まったのは……引き継ぐ者も問いを発する者もいなければ、考えを巡らす者もなく想い起こす者もいないことが明らかになったときであった。問題の核心は、どういう出来事にもストーリーを語り、ストーリーの意味を伝えるべき人々の心のなかで起こるはずの〈仕上げ〉がなされなかったことである。行為のあとで思考によって仕上げられず、追憶によって明確に表現されることもなかったために、語られうるストーリーがまったく残らなかったのだ[7]」。

このように現実の歴史と語られる歴史との違いに注意をうながしていますが、アーレントは〈語り〉の要点が、ストーリーにとって本質的な首尾一貫性を構成すること、つまり〈語り〉の技術にあるとは考えません。アーレントは、美には「すばらしさ（メゲトス）」と同様に部分間《タクシス》の統一が求められるという、アリストテレス理論の「形式的」ないし「フォルマリスム的」側面を十分承知しています。しかしアーレントは、物語の技術的側面はほとんど無視して、『ニコマコス倫理学』を遥かに重要視しているのです。『ニコマコス倫理学』によると、目撃者による証言にとって特に重要なものは第一に「終結または閉幕の瞬間」を確認することであり、第二にそのストーリーの

「主人公を確定すること」です。物語の技術は、行為を典型的な瞬間に凝縮し、その瞬間を連続的な時間の流れから切り離して、主人公がどういう人物であるかを示すことです。「これがアキレスです、その偉業は簡単にしておきます」——これこそ優れたストーリーが語る事柄なのです。ヘラクレイトスが神託は「語るでも隠すでもなく、徴を与える」と言っているように、物語の簡潔さに人物の開示の成否がかかっています。というのも人物の開示は神託に似た仕方でおこなわれるからです。その徴は凝縮され、不完全で、断片的なものです。そのため限りなく解釈が展開されることになるわけです。

こういう物語は人間関係の網の目のなかで創られ、必ず政治的な「間の領域（inter-esse）」に資することになりますが、その本質的な連関が明らかになるのは、物語が根本的に行為に結びつけられて物語自体が現実の行為となる、つまり「ドラマ」となり「舞台」で「演じられること」によってなのです。そういう場合にのみ物語（ミュトス）が現実（エネルゲイア）になりうるのです。物語が開示するものであり続け、物象化によって硬化してしまわないためには、物語は演じられなければなりません。アーレントが最高の〈語り〉の仕方（modus operandi）だとするのは、動きのないミメーシス〔＝表現〕ではなくて演劇的な表現活動なのです。

こういう（しばしば生きた言葉と称された）演じられる物語が古代からほぼカトリックの典礼までは、細かな事柄まで共有で成り立っていた西洋文明の政治空間の行事に登場していました。しかし現代の文化的危機のただなかで政治的目的のためにこういう物語という観念を再生させた功績は、ハンナ・アーレントにあるとしなければなりません。

「……行為と言葉には、行為者と話し手がどういう人物であるかが必ずあらわになるという特有の開示的な性質がある。それは行為と言葉の躍動と不可分に結びついている。このためそれを再現し、〈物象化〉するためには、一種の反復、模倣ないし表現（ミメーシス）によるほかはない。アリストテレスによると、これはすべての芸術に認められるというが、実際にそう言えるのはドラマだけである。（ギリシャ語の動詞〈ドラーン（おこなう）〉に由来する）このドラマという名前そのものに、演技が現実には行為の表現であることが示されている」[8]。

行為し、目撃し、記憶し、物語によって記憶を仕上げること、これがアーレントでは真に政治的な〈語り〉を構成する〈人物の開示〉にいたる王道であると思われます。

政治的な〈語り〉は純粋思察という「観想的活動（bios theoretikos）」でも孤独裡の純粋詩による開示でもなくて、ポリスで言葉を交わす実践である思考なのです。非常に曖昧で議論も多いアリストテレスの一節に、アーレントはさまざまな政治的視点から成り立っている一種観想以前ないし観想以後である公共空間をみいだしています。そこで讃えられるのは、独立した人間でも死ぬ運命にある者でもなくて、生きている者たちを不滅のものにする言葉を交わす実践の能力なのです。アーレントはこう述べています。

「アリストテレスに次のような有名な一節がある。〈人間世界を考えるときには、人を個人とみるのでも、死すべき者の一部として死ぬ運命にある者を考えるのでも駄目なのであって、人間世界については不滅に達する可能性を有する範囲（のみ）を考えなければならない〉[9]。この一節はアリストテレスの政治に関する著作に実にふさわしいものである。というのは、国家（res publica）がローマ人にとってそうであったように、ポリスはギリシャ人にとっては何よりも個人の生命のむなしさに対する保証であり、そのむなしさに対する防壁であって、人間の不死のためではないにしても、人間の相対的な不滅のために確保されていたのである[10]」。

「人」が不滅のものとなるのは、政治的空間において実践する〈人物〉となって、記憶される物語を残すことによってのみなのです。

行為を語る言葉がこういう特権的な地位を占めるのはなぜでしょうか。それはまず第一に、個人として登場するという人間の条件が現実化するのが、始まりに取りかかる能力である行為においてだからです[11]。「行為と言葉の躍動」が示されるのはミメーシスにおいてですが、アーレントが強調しているように、ミメーシスはアリストテレスによると、個々の人物の表現というよりも「プロット」による「行為の表現」を指し示すものなのです。プラトンでは、ミメーシスは仮象に囚われているとされていて、『ソピステス』では「プロット」は斥けられ物語《ミュトス》は幼稚なものとされている[12]のに対して、アリストテレスは悲劇を研究して、プロットのうちに模倣とは異なる「行為の表現（mimesis praxeos）」をみいだしています。人物は悲劇では「固定的」に物象化されず、コロスも「模倣するのではなく」、人物について見解を述べるわけですが、それはヒュブリス（節度の欠如）に対するプロネーシス（思慮）による解答なのです。さらには「劇の創作または作成」によっても表現は変化しますが、それが現実のものとなるのは舞台で表現され演じられてからのことです。生の躍動や公共の智慧を表現する行為についても同じことが言えます。アリストテレスは次のように書いています。

「悲劇は本質的に性格の表現ではなく、行為や生（ビオス）や幸福（エウダイモニア）の表現である。人間のあらゆる幸不幸は行為という形で現れ、われわれが生きる目的とするものはある種の活動であって性質ではない。人物の性質をあらわすのはその人柄（エートス）だが、幸福な人物（エウダイモネース）であるかどうかはプラクシスによって決まる。つまり演劇で演じられるのは性質を示すためではなく、行為を表現するためにこそ性質が示されるのだ。したがって悲劇の目的や目標は、悲劇を引き起こす行為つまりプロットであり、その目的があらゆる箇所で主要な事柄となっているのである[13]」。

語る行為のうちに人物が開示される原型が、行為を語るドラマであることは先に述べたとおりです。アリストテレスを思わせる自分の考えを、アーレントは先の引用文のなかにある言葉を使って要約しています。「これは演劇がすぐれて政治的な芸術である理由でもある。人間的活動の政治的領域が芸術に移し替えられるのは演劇だけである。さらには演劇こそ他の人々と交流する人間を主題とする唯一の芸術なのである[14]」。

詩の言葉には開示する力があるという見方をアーレントはハイデガーのうちにみいだしていたのですが、そういう見方はこの考え方では斥けられています。ハイデガーはこう言っていました。「思索は詩作である……〈存在〉の真理が告げる事柄を思索は述べるのである。つまり思索は根源的な繰り返し（dictare）なのだ。思索とは始原においては詩にほかならない[15]」と。

でもアーレントは単純にアリストテレスにもどって、アリストテレスのうちにあると思われる正しさをあらためて確認しようとするわけではありません。ニーチェを読みハイデガーを読んで、ふたりが継続しておこなった形而上学の解体に注目したアーレントは、プロネーシスと語るという行為に立ち返るのです。それは実践や実践の自由や実践が現実に陥っていた苦境についてすでにニーチェとハイデガーが問いかけた問題の反復であり展開にすぎないのですが、そこでは先達と自分のあとに共同世界という小島が確立されるような試みがなされているのです。

『ニコマコス倫理学』や『詩学』へのアーレントの言及は、ハイデガーが早い時期にアリストテレスを読んで、一九二四年にアーレントも聴講した『ソピステス講義』をおこなっていたことを考えて解釈する必要があります。ハイデガーはアリストテレスを読んだおかげで、意識を優先させるフッサールに対して実践的な実存を対置し、〈基礎存在論の第一部である〉実存分析を確立できたとよく言われたものです。ところがハイデガーによるそういう解釈によって、アリストテレス思想の一部の本質的特徴が削除されるとともに変形して難解なものになったことは、それほど指摘されたことがありません。そのためハイデガーは、アリストテレスによるポイエーシス／プラクシス〈製作／実践〉の区別を考慮に入れているように思われています。人間の生きる場である世界〈Umwelt〉と世界そのもの〈Welt〉との間にハイデガーが認めている違いは、アリストテレスの区別の反映とみえないわけではありません。しかしプラクシスに必要な智慧はアリストテレスにとっては、プロネーシス〈分別〉、思慮、的確な判断力なのです。ここにこそ、ハイデガーによる変換がみいだされます。すなわち「人間関係の網の目」にかかわるのではなく、〈存在〉にかかわるという意味で、プロネーシスがソピアに置き換えられてしまっているのです。

実を言うと、プラトンとは立場が異なるアリストテレスにとっては、ソピアは「脆弱極まる人間世界」に適用されうるものではありません。人間の出来事は不変的なものについての知識で捉えられうるものではなく、そこに求められるのは、理性的であると同時に情動的であり道徳的でもあり、専門家だけでなくすべての人々が有する力なのです。プロネーシスが養われるのは、周知のようにポリスがそうだった出現の空間でおこなわれる複数の人々の間での討議によってです。ソピアだけがわれわれすべての「内部にある神的なもの」を示すからこそ、アリストテレスは観想的活動の優位を力説しますが(16)、観想による智慧であるソピアを、「人間にかかわる事柄や議論できる事柄(17)」に関する思慮とは区別しています。プロネーシスが対象としているのは普遍的なものだけでなく特定のものでもあります。というのは、プロネーシスは「行為に関与し」、「知識の対象ではなく洞察の対象である決定的に特定のものに関係する(18)」ものだからです。この点で問題になるのは、このプロネーシスはカントの「美的判断力」を介してアーレントが吟味している的確な判断力と同じプロネーシスであるか否かということです。晩年のアーレントはカントを自分の政治哲学の土台にしたわけですが(19)、カントについては第四回目の講義で論じることにします。

たしかにハイデガーは『形而上学とは何か』(一九二九年)や総長だった時期までのテキストでは、プラトンの『国家』を受け入れています。神話や歴史や悲劇に特徴的な散漫な話し方を無視するのと同じように、ハイデガーはアリストテレスが認めるようなプラクシスにみられる対立関係や複数の人々の関与は無視するわけです。その結果、行為が思索のうちに独我論的にまとめあげられてしまうばかりか、プロネーシスに取って代わった独我論的なソピアが公的領域にまで移し込まれています。したがって公的領域そのものがハイデガーによっては、いつも調整を必要とする複数の人々の暫定的な関係として考えられるどころか、むしろ全員一致の神秘的激情の領域として考えられています。つまり公的領域は単独の人間の領域であり、民衆が単独の人間として考えられる領域だというわけです。それだけではありません。〈存在〉の思索をプラクシスと同一視するとたちまち、「哲学にもとづいて」団結し政治に参加することになり、当然のように民衆を管理するということにもなります。複数性や節度や暫定性への無関心がこうした根源的思索の特徴ですが、そのためにそういう思索は、必然的に専制的思想となり、極端な場合には独裁的行動や全体主義体制を生みだすことになります。[20]「転回（Kehre）」のあとも、つまり自分の誤りの政治的ではないが哲学的な結果をみて、とくに形而上学的な「学問」を放棄してからも、ハイデガーは行為を思索と同一視して、思索は「原初的には」言葉「に対応している」と言うほどであり、「思索は内奥の特徴が現れている行為である」とまで言うにいたっています。しかも『ニーチェ』ではどうにか解体したはずのプラトニズムに従って、ハイデガーはアリストテレスの複数性を無視し続けているのです。こうなると、わたしたちは問題の「〔内奥の〕特徴」というものの本質を疑わざるをえません。それに対して、アーレントが哲学的著作でも政治に関する著作でも一貫して力説しているのは、一方ではプラトンのイデアの力であり、思想家がイデアをモデルにして政治活動をおこなえば、イデアに潜んでいる専制がまちがいなく実現されるということです。アーレントがもう一方で強調しているのは、アリストテレスが初めて考えた権威の起源です。アーレントによると、アリストテレスは「様々な生き方（bioi）」を考えた別種の哲学者であり、「偉大な思想家のなかでももっとも首尾一貫していてもっとも矛盾の少ない思想家」なのですが、そのアリストテレスは、「権威」は支配という観念に基づくのではなく、「多様な差異」で成り立っている「自然」という観念にもとづくと考えています。[21] アーレントは近代の世俗主義を超えているこの〈プラトンの権威とは〉異なる権威を回復しようとするのですが、この権威〈の構成〉にとって不可欠な話し方が、簡単にいえば〈物語〉であることを忘れてはなりません。

以上のようにハイデガーを介してアリストテレスをすこし顧みたのは、アーレントがハイデガーとおこなっている議論の意味を理解するためでした。アーレントはマールブルク以来の旧師ハイデガーの名前をあげず一種「皮肉」なやり方ですが、けっしてヴォルテール風に嘲笑したり戯画化して貶めたりするのではなく、対話ないし転換というプラトン的な意味で議論しています。アーレントは自分の著作をハイデガーが読まずコメントもしてくれないことを激しく批判していますが、プラトンについてキケロを引用しながらよく言ったことを、ハイデガーについても言ったかもしれません。キケロの言葉は「プラトンに反対する者と共に真実を知るよりも、プラトンと共に間違えるほうが遙かにましだ」というものでした。[22]

アーレントはアリストテレスをこのように解釈し直すとともに、聖アウグスティヌスに取り組んで、行為と言葉との不可分な結びつきを明確にしています。行為と言葉との結びつきが（詩の言葉に加わってそれ以上に）「唯一の人物」をもっともよく「開示する」ことになるわけですが、人間が「唯一の存在」であるため、人間の複数性は「唯一の者たち」の複数性という逆説的なものになります。「言葉と行為によってわれわれは人間の世界に登場するが、その登場は第二の生誕に似ている。そこで自分が生まれたという赤裸々な事実を確認し、いわばその責任を引き受けることになるからである」[23]。ハイデガーでは自己抑制の極に言葉による開示に達すると称される重苦しい「死への存在」が、アーレントではこうして、予期しない新来者が生誕しては相次いで退場する暗いどころか輝かしい命短い客人に姿を変えます。

「人間の行為は、あらゆる厳密に政治的な現象と同じように、人間の複数性と結びついている。人間的な生が生誕という事実に基づくかぎり、複数性は人間の基本的条件の一つである。生誕という事実があればこそ見知らぬ者が休みなく人間の世界に押しかけるわけだが、世界にすでに生きているがやがて立ち去ろうとしている者には、新来者の行動や反応は予測できない」[24]。

アーレントでは歴史記述が「行為と言葉」を結びつけているために、（ヘロドトスやトゥキュディデスによる人間の複数性の記憶と聖アウグスティヌスによる個人的告白のように）二重の姿で、なぜこれほどすばらしい概念と考えられているか、もうよくおわかりでしょう。それはストーリーが、公的空間で絶えず新たに始まる生誕であり異質である行為の記憶だからであり、また行為の存在論的な可能性が生誕という根源的な事実にあるからです。それに対して、『存在と時間』では一度だけ、後世の神話である（アウグストゥスの時代にローマで書かれ、ヘルダーから伝えられたゲーテがそれに霊感を得て『ファウスト』第二部を書いた、カイウス・ユリウス・ヒギヌスのクーラの寓話が引き合いに出されているにすぎません。[25]

『存在と時間』ではトゥキュディデスは浅薄だと決めつけられています。ハイデガーの考えでは、単語だけでなく何よりも文法には存在者をその〈存在〉において捉える能力がないことに着目して、「概念の複雑さ」と「表現の確かさ」だけが救いとなるとされています。ハイデガーはプラトンとアリストテレスの「存在論的な箇所」の複雑さや確かさに着目しているわけですが、ハイデガーは「トゥキュディデスの物語の箇所」とそういう箇所を比べて、これでは駄目だと述べています。

ここでアーレントは自分の師であるハイデガーとはちがって、トゥキュディデスが報告している「葬送演説のなかのペリクレスの有名な言葉」[26]をもとにして、「演劇」や「証言」を賞讃しています。記憶に残る物語によってポリスが英雄の栄光を讃え、「地上隈なく偉業をなしとげる場とした人々」には、「言葉を巧みに操るホメロスその他の人々」は必要がないというわけです。

「…ポリスという形態での人々の共同生活が、行為と言葉という人間の実践のうちでももっともむなしいものが、つまり人間による〈作品〉のうちでももっとも不確かでもっとも儚いものから生まれる偉業やストーリーが、不滅なものとなることを保証しているように思われた[27]」。

ハイデガーは『転回（Kehre）』の一節で思索と行為と詩の言葉を同一視していますが、アーレントはその一節とひそかに対話を交わしているように聞こえます。アーレントが本当に言っているのは、思索がソピアであっても政治的実践がともなえば、ソピアは何よりも複数の人間にかかわるプロネーシスに変化するということです。本質的に政治にかかわる思考が現実化するのは物語によるのであって、（演劇の手段であり媒体でもある）言葉それ自体によって思考がひとりでに現実化するわけではありません。こういう語る活動によって、ひとは生に呼応して、あるいは生に属する者となって、人間の生が不可避的に政治的な生となるのです。物語こそ人間の生きている最初の次元であり、それは生命（ゾーエー）でなく生（ビオス）の次元なのです。人間と生との最初の呼応が物語にほかなりません。つまり物語こそもっとも直接に共同しておこなわれる活動であり、その意味で、もっとも最初におこなわれる政治的な活動なのです。しかし物語のことですから、最後には「最初［＝根源］」そのものが解体されてドラマの果てしない展開のなかに消えて「異様なもの」になってしまいます。したがって物語についてのアーレントの考えは、〈存在〉を本質化し根源とみなして合理的な解釈を与えようとするハイデガーの試みに対する根本的な応答なのです。要するに物語についてのアーレントの思考は、ハイデガーのいう〈存在〉および〈存在〉を語る詩的言語の綿密な脱構築なのです。

第3講　二〇世紀の証言者たち

もっと具体的にアーレントは二〇世紀の著作家のなかから、歴史的活動の目撃者となり、同時代の人々にはわからなかった歴史的活動の意味を作品によって明らかにしている小説家を選んでいます。アーレントのテキストによく引かれれている（リルケ、イェーツ、エミリー・ディキンソン、W・H・オーデン、マンデリシュターム、ヴァレリー、ルネ・シャールのほかに、自分の友人であるランダル・ジャレルとロバート・ローウェルのような）詩人をアーレントが引用するのは、見事な表現のゆえではなく衝撃的な物語に示されている智慧のゆえなのです。語る技量とか文体のユニークさがアーレントの注目の的になっているわけではありません。アーレントが強烈な関心を寄せているものは、「語られるテーマ」であり、歴史の経験についての目撃証言を凝縮するか比喩的に表現している一連の簡潔な作品なのです。

マルセル・プルーストをアーレントは我慢強く熱心に読んでいますが、プルーストはスワンやシャルリュスやゲルマント家の人々を通して、ドレフュス事件前後のフランス社交界に典型的にみられた本質的には反ユダヤ主義的でありながら親ユダヤ的にみえた状況をえがいています。アーレントの引用の技法によって、『失われた時を求めて』でプルーストが与える「二重の印象」の一つが、同化したユダヤ人の実態とともにその他の「種族」やフランス社会全体の実態を明確にえがいたものであり、それによってこの作品が不朽の名声を得ていることが明らかにされています。「問題はハムレットの場合のように、生きるべきか死ぬべきかではなくて、所属するか排除されるかなのである」[1]というわけです。アーレントは「ユダヤ教」が「ユダヤ性」となる世俗化の過程には「所属」（あるいは「仲間」）という名での「特質」（ないし「実質」）の放棄がみられるが、そういう世俗化の過程が二〇世紀ヨーロッパのユダヤ人にショアーにいたる不幸な結果をもたらしたことは明らかだと解釈しています。「ユダヤ人であることが、どこに行っても宗教的・政治的な意味をぬきにして心理的に拒絶反応を呼び起こすものになり、「ユダヤ性」にすり替えられてしまい、それ以後は優劣だけを基準にあつかわれるようになってしまった」[2]と言っています。

ニューヨークのモーニングサイド通り九五番地のアーレントとブリュッヒャーの部屋には、一枚の大きなカフカの写真が飾られていましたが、ふたりが重視したのは、「思考する自我の時間感覚」、「過去と未来が対決する戦場」をえがいたカフカの『彼』という寓話です。アーレントはカフカの言葉の極端な省略を論じるさいに、最初はそれを二本の道が出会うポーチであらわされているニーチェの瞬間（Augenblick）に関するアレゴリーになぞらえていますが、後には瞬間はみている者にはみえず、「自分自身が今である者」[3]にみえるものだというハイデガーによるこのメタファーの解釈になぞらえています。アーレントの解釈はカフカとニーチェとハイデガーと、それにアーレント自身による叙述を含んだ真の文学的モザイクとして構成されていて、アーレント自身が自分の語る二〇世紀の思想や歴史の「戦場」になっています。

カフカに関する初期の研究（一九四四年）では[4]、アーレントは最初はカフカにみられる「文体の欠如」つまり「単語そのものへの愛着が素っ気なく」断ち切られていることを楽しんでいます。明らかなことですが、現代の批評では「試行や技巧」はいっさい受けつけられません。しかしそのためにアーレントが、その図式的なカフカの作品研究で際立っている適切な二つの見解を述べるのをやめることはありませんでした。アーレントは「カフカの主人公たちが囚われている世界の卑劣さは、その卑劣さを神格化していることをさらけだし、それで十分としそれを神聖な必然だとしているところにこそある(6)」と断言しています。では、そういう「卑劣さ」が「神聖」なのでしょうか。しかし何より重要なことですが、文学研究を続けるなかでもアーレントは、カフカにおける「人間的性質を持ち合わせぬ抽象的人物」を、機械と同じようにはたらいている世界や、主人公が破壊しようとする官僚世界の単純な反映だとは解釈していません。アーレントによると、カフカが提示しようとしているものは、ブルジョア小説にみられるような現実の人物ではなくて、むしろ「モデル」なのです。作家が関心をよせているのは人物の「現実」ではなくて「真実」であり、それは「感じ取られた経験から生まれた結果ではなくて思考の過程から生みだされた成果(7)」なのです。カフカは自然主義の作家ではなく思想家であって、それは、カフカが自分の感じている事柄を思考しているからであり、性格描写が期待されそうなところで、カフカが思考の図式を追究しているからです。

シュテファン・ツヴァイクの「自伝」にアーレントがみいだしているのは、ラーエルの生涯の場合と同じように、同化しながらも社会によって排除されて屈辱を味わう前にウィーン社会の有名人となって際立とうとするユダヤ人のドラマです。ツヴァイクはユダヤ人が置かれている現実に直面しながら、政治に参加することもできず、自分でも「楽園からの追放者」と称するこの人物は絶望して、静かに自殺をとげるほかはありませんでした。これは「恥辱と名誉は政治的概念である」[8]ことの比類なき証明です。

ヘルマン・ブロッホは「地上の絶対者」という考え方とその文体の特徴である「抽象的な」音楽的構成を讃えられて、ヴァルター・ベンヤミンはその「不運」と自殺へ追い詰めた不条理を「詩的に思考する才能」を讃えられて、イサク・ディーネセン（本名カレン・ブリクセン）はナタリー・サロートやローザ・ルクセンブルクとともに希有の女性のひとりとして讃えられて、[9]アーレントの「暗い時代」に同時代の作家たちのパンテオンに祭られています。

イサク・ディーネセンは実はカレン・ブリクセンが名乗った男性的な名前なので、一九五〇年代のボーイッシュにみえるアーレントの写真を思いだしますが、カレン・ブリクセンの生涯はアーレントの生涯と似ていないこともないのです。カレンは（ローザ・ルクセンンブルクと知り合いだったかもしれない）アーレントの母マルタとちがって、因習に囚われぬ婦人参政権論者だった母親の娘ですが、父親は（ハンナは七歳で父パウル・アーレントを失いましたが）カレンが一〇歳のとき夭死しました。カレンは（ハンナの父親と同様に）梅毒の男性と結婚し、（ハンナの場合とはちがって）自分の体に現れるその病気の恐ろしい影響に苦しみました。ティターニアとも呼ばれましたが、カレン＝ターニアは輝かしい公的な活動は女性には向かないと思い、ハンナと同じように、著作にひそむ罠、とりわけ自分を重要視するという陥穽を忌み嫌っています。カレンは笑うのが大好きで、男性の名前であるばかりかヘブライ語では「笑う人」を意味するイサクをペンネームにしたくらいです。ティターニアの一生を決め、物語を語ろうと決意して実際に書いたのは、恋人デニス・フィンチ＝ハットンへの（ラーエルやハンナとも似ていそうな）抑えがたいが成就しない「激しい熱情」だったのだと、アーレントから聞かされると、この二人の女性がまるで双生児みたいに似ているような気がします。さらにアーレントが、ティターニアはすべてを失って初めて平穏に生活できるようになり、すべてを物語ることができたと言うときにはなおさらのことです。

しかしアーレントはここで、シェイクスピアを信じてよければ、シェヘラザードたるカレンが愛したのは碌でもない男であることに気づいています。ただ皆さんはこの二人の女性の比較をあまりやり過ぎないようにしてください。アーレントにとって碌でもない男は誰でしょうか。もっとも、アーレントも同じ考えなのですが、「想像力で人生を繰り返せなければ、十分に生きることはできない。〈想像力の欠如〉のために人々は〈真に生きる〉ことができないのだ[10]」というイサク・ディーネセンの思想の本質をアーレントが強調するときには、ふたりはやはり双子のようです。ハンナはこれに注釈をつけて、「〔ティターニア＝イサクの〕〈哲学〉が教えているように、生涯を語れない者は考えるに値する生き方をしていないというのが正しければ、人生は一つの物語として生きられうるし、そう生きられるべきだということになり、ひとが人生においてなすべきことは、物語を実現することだということにならないだろうか」と書いています。(11)『人間の条件』の「実践」と題された章のエピグラフは、ディーネセンから借用した「どういう苦労もそれを物語にして、語れば耐えることができる」という言葉です。ラーエルからティターニアへと円は閉じられました。そしてハンナ・アーレントには（この論文は一九六八年に書かれていますが）、自分自身の生涯が今後は、語られる物語であるとともに真の歴史となるように思えていたのです。

ブリクセン＝ディーネセンの恋人は世界を受け容れることのできない過激主義者のひとりで、アーレントは、革命家であれ保守主義者であれ、また思想家であれ犯罪者であれ、世界を拒絶するという点では同類だと言っています。読者としては、アーレントの哲学の教師で元ナチス党員だった孤独な詩人のことを考えてしまいます。反体制派の女性の語り手なら、政治活動を受け入れることも拒否することもないでしょうが、アーレントは言論を通じて活動することにします。しかし、その言論活動には多くの仕掛けが存在します。そういう仕掛けに熱狂して、アーレントはその作家の研究のやや長い結論という形でイサク・ディーネセンの物語を饒舌に語り始めています。(12)アーレントはみずから文学を教える気になっているようにもみえます。「もしわたしが文芸批評家だったら、ブレヒトの詩、とくにブレヒトの数少ないが実に美しい愛の詩において空がはたしている重要な役割について述べることだろう」[13]とも書いています。しかしアーレントはシェヘラザードではなく、文芸批評家でもありません。アーレントは政治に関する慎重な観察者に「ほかならず」、ルイ＝フェルディナンド・セリーヌに、世界の誰よりも早く関心をいだいていています。

実をいうと、アーレントはセリーヌを最初に論評した人々のひとりでした。[14]というのも、アーレントがセリーヌは「エリートと大衆との妥協」をあらわす実例だとみているからです。不幸な記憶である反ユダヤ主義的なパンフレットから引用して、アーレントは「フランス人の合理主義的反ユダヤ主義を完成するためには、イデオロギー的な妄想が必要であった」と書いています。[15]アーレントはこの分析を進めますが、芸術的エリートやバウハウスのようなアヴァンギャルドのフォルマリスムには、技術的なものや無名性への崇拝があらわれているという示唆でもって分析を終えています。そういうエリートたちは、ロベスピエールが口にした「人間の偉大さ」を物笑いの種にし、「尊厳」もろとも「文明を破壊し」ようとしていたわけです。「エリートの間では抵抗し難い［もの］となっていた」偽善の仮面を剝ぎたいという願い」に、「リベラルな人々の親ユダヤ主義への嫌悪」がつけ加わったとアーレントは述べています。その結果、エリートの側の「現実感覚の喪失」から生まれて、根なし草の大衆に浸透していた「虚構の世界」が作り上げられえたわけです。[16]これはもちろん、概括的な解釈ですが、「人間世界」に関するかぎりは実に適切なものとなっています。

キプリングと起源伝説、アラビアのロレンスとそのイギリス的な自我、バレス、モーラスその他の人々[17]、それとよく対照的に引き合いにされるペギー[18]、これらの人々がこのような物語世界を取り巻いていますが、こういう人々こそ『全体主義の起源』の基本的な「起源」に触れていたのです。

ナタリー・サロートは、アーレントが研究した唯ひとりの現代作家です[19]。古典小説の規範を打ち破って「登場人物の〈人当たりはいいものの非情な〉うわべを引き裂いて」、「心理学的な生体解剖」をおこなうサロートの語り方に、アーレントは惹きつけられています。アーレントは、精神分析学者のソファーで明らかにされる変動よりも、サロートが描く「内面的生」の葛藤のほうが自分の好みに合っていることを認めています。アーレントは、利己的な自我の惨めな内面を探究するサロートの残酷で皮肉なやり方を楽しんでいます。そのやり方では、陳腐な表現か常套文句でなければどの言葉もひとつの「武器」となって、家族も社会もバラバラになって「ひと」は愚劣なことをやらかすばかりで、そのなかでももっともつまらないのが……「インテリ」だと自任する連中であるわけです。もっと言いますと、サロートでは心理的喜劇による暴露というかたちでなされているわけですが、アーレントは物語の分析によって、社会メカニズムの暴露を特権的に取りあげる技法を明らかにしようとしているのです。些細な会話での衝突から「大変な変化」が起こる場——つまり、爆発的反逆が姿を現す瞬間——であるサロートの「真実の瞬間」は、アーレントには現代文学では類のない演劇的性質のものだと思われました。しかし、アーレントはこういう「胡散臭い時代(ère du soupçon)」には大いに興味があったものの、サロートの徹底的な幻滅に肩入れすることはありません。サロートの辛辣な物語でそのうそ偽りが暴露されているのですが、それでもアーレントは「共通世界」や「自然な血縁関係」を救いだそうとするのです。カントを解釈して「判断」という著書を着想するほぼ一〇年前に、アーレントは「趣味」に対するサロートの嘲笑に注目しています。アーレントは趣味を社会的つながりの基礎にあるものだと考えていますが、カントのひとつの楽観的な注を認めて、うそ偽りだらけの「ひと」がいるのに対して、「われわれ」がありうる、つまり読者と著者との間には束の間だが強固でもあるまともな共同体が存在すると結論しています。

最後にアーレントは、ブレヒトに肩入れして、ブレヒトのメランコリックな天分は高く買っていますけれども、(哲学者も同じでしょうが)詩人たち独特の無責任さには政治的な関与はまったく期待できないと言っています。詩人は立派な思想家ではあっても、判断することはできないというわけです。アーレントが「詩人や芸術家の慢性的不正行為」と呼ぶものは、自分たちの仲間内でどう評価されていても、それが一般の評価にどう影響するわけでもないのです。われわれとしては詩人や芸術家を助けたり赦したりすることができますが、「かれらの罪が重いだけに十分に自分の罪や責任を受け止めてもらわねばならない」[20]のです。ブレヒトが激しく苦しんだ最大の重荷は、才能そのものの死にほかならなかったのです……。

プルーストをみればわかるように、語り手の詩的な言葉は「思考する自己」と「世界に登場して活動する自己」とを結びつけて、明確な永遠の現在(nunc stans)を言葉で表現し、哲学的概念や神秘的幻想よりもはるかにうまく時間のうちにそれを蘇らせうることを理解していなかったとして、アーレントを非難する向きもおいでになりましょう。(21) カフカに関していえば、アーレントのルカーチ的なソシオロジズムに啞然となるばかりかもしれません。そういう考え方では、「どういう文体も魔法による現実からの一種の飛翔である」とあっさり断定され、古典小説の複雑な運命はフランス革命やカントの意味での「市民の緩慢な衰退に対応する」ものでしかない(22)とか、秘密の力にコントロールされる世界に直面してカフカが望んでいたのは「同じ市民たること」、「共同体の一員であること」にすぎなかったということになってしまうからです。(23) 悪魔的神学ではないが秘教的な解釈さえ生まれたほど「不安がらせる」と思われているあのカフカ(24)が望んでいたのが、「同じ市民」になることにすぎなかったというのは、いかがなものでしょうか。

心理的にも歴史的にも反逆の欲求に駆りたてられて、今世紀のアヴァンギャルドたちは物語や単語や自我の構造について前例のない評価をくだしました。そういう領域はメランコリーとか、アーレントの言う「悲嘆」の領域であるだけでなく精神病の領域でもあります。その境界例は「大衆(mob)」にも個人にもみられ、たとえばセリーヌにみられるように、先行きを示すとか納得のいくものでなくても前兆をもっともよく示している現象だったのですが、その事実をアーレントは評価しなかったという事実を嘆く人もいるかもしれません。芸術には歴史があり、ジャンルでいえばとくに物語芸術には、過去の問題も以前の解決も繰り返さない歴史があるのですが、その歴史について今日では道徳的判断をくだすことよりも臨床記録を整えることがおこなわれています。そういう歴史にレッテルを貼るのが能ではなく、そういう歴史が起こった原因や運命をはっきり見届けなければならないのであります。

しかしそういうことはアーレントの念頭にはありません。アーレントが探し求めているのは「脆弱極まる人間世界」に対する最善の解決なのです。そして、そういう政治的な視点では、正しい実践を際立たせうるかどうかはともかく、物語芸術は正しい実践に従属するものです。現実には、物語芸術は正しい実践に呑み込まれてしまいます。しかし美という特権、作品の卓越はアリストテレスが「目的（hou heneka）」と呼んだあの理想、つまりすばらしい善き生活という構想を打ち消すことはできないのです。

アーレントにとってアーティスト、とくに現代の芸術家はホモ・ファーベルの典型、つまりアーレントによればきわめて凡庸なタイプの人間の典型であり、かれらは現代の諸作品を商業化し消費に委ねる傾向をとことん推し進めています。極端な言い方をすれば、アーレントにとっての一流の作品とは、「生産物」に物化されていない作品という意味で「作品ならぬもの」あるいは「書かれなかった作品」なのではないでしょうか。ソクラテスは、他者と果てしなく問答を交わしながら正しい判断を求め続けましたが、多様な活動や意見が対立するポリスを無視していたわけではありませんでした。プラトンとは異なり、人を刺す虻とも出産を手伝う産婆、あるいは麻痺させるシビレエイとも称したソクラテスが、「真理と意見との対置という……、プラトンがソクラテス裁判から引き出したもっとも反ソクラテス的な結論[25]」を打ち出したとは、アーレントはみていません。徳は教えられると考えていたにもかかわらず[26]、都市国家の善行者にほど遠かったソクラテスは歴史家アーレントに、生きた思考の実例——つまり絶えざる問題提起で「政治世界」そのものにとって心配の種であり続けたはずの観想的活動（bios theoretikos）の実例を残しているのです。「ソクラテスがやったことの意味はその活動そのもののうちにあった。言い換えれば、思考することと十分に生きることは同じである以上、これは思考はつねに新たに始まらなければならないことを意味している[27]」ということになります。

したがって、物語るという活動を共通の意味を求める「探究」と解したアーレントが求めているのは、作品全体でもなければ全作品の総合でもないわけです。しかしアーレントは、それ自体が「芸術作品」である政治空間が創造されることを願っているのでもありません。歓迎される出現のうちに政治の本質をみいだすこと、つまり支配という図式から解放された純粋な出現の場に政治の本質をみいだすことは、政治を美学的に理解することであって、アーレントの思想にはふさわしくないように思われます[28]。国家社会主義にみられるように政治的なものを美学的に実現することは、政治的なものの非政治的な本質をあらわすことだとも言われましたが、それは政治的なものの死にほかならないのです。アーレントにとっては、政治的活動がそういう美学的理解に抵抗し、「製作

（ポイエーシス）」に尽きない「実践（プラクシス）」として理解されるに応じて、政治的なものは生きている複数の者たちに共通の多様な活動となりうるものなのです。

言い換えれば、芸術がかならずしも国家美学主義の不可欠な要素であるわけはないのに、西洋では芸術が政治的なものに不可欠なものであるかに思われています。詩や神話に対するある種の崇拝が、詩や神話を国家に表現する天才を活用すると必ず国家美学主義になるというのが本当だとしても、そういうテーゼの欺瞞を「暴露」するのがアーレントなのです。アーレントは物語や小説に注目をうながして、別種の政治では〈語り〉がいかに役割をはたすかを明らかにしています。その政治とは、公開された記憶の政治であり、呼び起こされて共有される記憶の政治なのですが、アーレントはそれを〈人物〉の活動と呼んでいます。語り手（セリーヌやブレヒト）が正しいか間違っているかは別問題であって、果てしない開かれた政治的活動としての〈語り〉が構造的に有している可能性をきずつけないことこそ問題なのであって、それは「間の領域（inter-esse）」での的確な判断に委ねられるべきことなのです。

さらに、アーレントは生涯にわたって詩の熱心な読者でしたが、[29] アーレントを実践へと突き動かしているのは物語であり、それも物語のプロットによってですが、最終的には政治的実践である実践に果たす物語の役割のためなのです。青春のつらい時期、恋に情熱を燃やしたあとの抑鬱に苦しんでいた頃には、ハンナ・アーレント自身が詩を書いていたことが思いだされます。詩作を試みる経験は、アーレントにとっては支えとなりましたが「悲嘆」にくれることでもありました。アーレントはそういう悲嘆を激しく非難しています。それはまさにアーレントが、ラーエル・ファルンハーゲンの自己耽溺的な著作を批判すると共に、後には皮肉を浴びせて「哲学者連中」独特の「メランコリー」を追い払おうとしたものでもあります。もっとも、物語に対するアーレントの思い入れはけっして詩的な表現を拒絶するものではありません。アーレントは詩の文体論や作詩法の詳細を研究したことはないのですが、物語の表現には詩が不可欠だと考えています。アーレントにとって「模範的な」である「偉業の表現」はホメロス以外にありえないのですから、どうして詩と物語を切り離せるでしょうか。

したがってアーレントは、「アウシュヴィッツ以後、詩を書くことは野蛮である……[30]」という有名なアドルノの態度を支持することはないと思われます。しかしこれは、アーレントがアドルノ本人の人格に対していだいていた嫌悪とは関係ありません[31]。関係ないどころかアーレントにとっては、物語における詩の活用も含めていわゆる想像の産物によってしか、恐ろしい出来事は想像できないのです。もう一方でアーレントはプリモ・レーヴィと共に、アドルノと逆の立場に立つこともできなかったと思われます。プリモ・レーヴィの立場では、詩だけが収容所の恐怖をえがくことができるとされていました[32]。この作家の叫びは悲劇的な悲しみを明確にあらわしていましたが、レーヴィは、人間の複数性に癒しがたい深い幻滅を味わって自殺してしまいました。自分も鬱傾向があって自殺の誘惑といつも闘っていただけに、アーレントにはレーヴィに反論することはできませんでしたが、アーレント自身は、ヒュブリスも死の妄想だって、物語るという活動のうちに働くプロネーシスに姿を変えることができるし、その活動はたえず再生し新しいものになればこそ何度も復活する活動だと考えていたのです[33]。

最後に、もしも神話や悲劇や歴史記述といった物語に、専門哲学者の智慧がしかける罠にかからず工芸品製作者の功利主義を逃れるチャンスがあったなら、その限りで、物語が観想的活動（bios theoreticos）と政治的活動（bios politikos）との間の緊張関係を維持することができたでしょう。つまり何らかの純粋な思弁に逃れるとか平凡な生命過程に安住することはなく、そしてその両者が合体するというようなことも起きなかったでしょう。そういう物語はどこに行ったのでしょう。挑発的で変革を求め新しいものを生みだすあの物語はいったいどこにあるのでしょうか。そういう物語は、……人々の複数性と自らに問いかけ続ける逆説的な活動についてアーレントが得たような経験にほかならないでしょう。

恐ろしいショアーを想像させる力があるとアーレントが思っているのは物語そのものであって、理解や分析や合理的思考というようなものではありません。地獄について可能な「思考」があるとすれば、それはただひとつアウシュヴィッツの記憶を語りえた人々の「恐怖におののく想像力」です。思想家アーレントを支えているのは非合理主義であるどころか、理屈だけの理性の限界を超えた物語に含まれている広大な広がりを示す合理性なのです。

アーレントは「わたしは子供の頃から神の存在を疑ったことは一度もありません」と、友人のひとりであるアルフレッド・ケイジンに打ちあけています。[34] ケイジンは『全体主義の起源』をハーコート・ブレイス社から出版するように勧めてくれた人です。しかし物語るという活動と活動における物語を強調するところには、よく考えますと、ニヒリズムではありませんが希有の無神論がみられます。アーレントがその無神論を遠回しに提示しているのは、アリストテレスとそのロゴス―プロネーシスへの高い評価、つまり神々の領域から完全に離れヌースを超えている、人間的なプラクシスの場への高い評価に賛意をあらわすときです。アーレントは「ヌースと異なるロゴスは神的なものではない[35]」と書いていますが、政治的活動において精神の活動を展開するのはまさにこの神的でない生きている言葉なのです。それこそハンナ・アーレントが熱心に説いているものなのです。

ハイデガーの関心はまったく違います。一九三八年のハイデガー哲学の「公式」版では「〈存在〉については何も言うことはない」と言いながら、(一九三六年から一九三八年にかけて書かれたが出版予定のなかった)『哲学への寄与』では、「これをあえて率直に言えば、〈存在〉は神々が神として現成する前兆である[36]」と言っています。弟子アーレントは師の近くにいるものの、師ハイデガーとは一定の距離を保っています。

では女性に対してはどうでしょうか。イサク゠ティターニア・ディーネセン゠ブリクセンとはどうだったのでしょうか。アーレントの長いリストに含まれているもう一つの神話物語は、有名なオルフェウスとエウリュディケーの物語です。想像力豊かな音楽家で詩人でもある思想家（オルフェウス）は、亡くなった恋人を冥府から救い出せません。なぜなら、生者の国に到着して振り返った途端、恋人の姿は消えて雲散霧消してしまうからです。アーレントの分析によるとこうなります。すなわち「小説の架空の人物」を考えだし創りだすには、非感覚的なものにしなければならないのです。創造的想像力は可視的な世界を構成しているさまざまなものを思いえがくわけですが、それがうまくいくのは、感じられ目にみえるエウリュディケーの体のようなものを、非感覚的なものにし、消し去り、殺した後でしかないのです。[37]

　アーレント（オルフェウス）はハンナ（エウリュディケー）を雲散霧消させるのでしょうか。この解説を読んでも、アーレントが犠牲になったエウリュディケーと自分を同一視しているとも、オルフェウスの「生産的な想像力」の挫折を残念がっているとも思われません。それはおそらく、「感じられるもの」や何よりも女性的なものを救う唯一の方法が、非感覚的なものとして扱う物語を語りうるオルフェウスにエウリュディケーを変えてしまうことだからです。そのようにして物語が語られて初めて、非感覚的なものを語る物語が活動に参加している者全員に感じられうるものになります。こういうすぐれて政治的な行為がなしとげられるには、物語を語る者と聞く側との両方の立場に立つことができなければなりませんが、観想的な智慧も十分に備えておかねばなりません。

しかし何よりも、政治的なプロネーシスを十分に持ち合わせておく必要があるのは言うまでもありません。

したがって感覚的で女性的なものであるエウリュディケーは、政治的な語り手であるアーレントの筆によって蒸発してしまうことはありません。しかし感覚的で女性的なものは「概念」というかたちで戻るのではないのです。それは度々登場するメタファーというかたちで戻ってくるのです。そういうメタファーがアーレントの思想を組織化し、起源と条件と生誕との重要な連関というアーレントの際立った論点をあらわすわけであります。そしてそのメタファーが、アーレントの著作に「観想的活動」と「実践的活動」との間の緊張関係の跡を残すと共に、感じうるものとし、非感覚的なものとする作業の跡も残していて、それこそアーレントというひとりの女性が天才的思想家たるゆえんなのです。

しかしアーレントのエネルギーと脱構築し続ける熱望には、どういうレッテルも不十分であって、「天才」という言葉も適切ではありません。アーレントははっきり否定しました。アーレントによると、古代人には未知でルネサンス期の人々によって発明された天才という非凡な人物は、ホモ・ファーベルをもっとも弁護するものだったのです。自分の作品のうちに自分が消え失せてしまうことに不満をいだいて、近代人は仕事や事物を超えるものを探し、早くも「天才」を創りだしてその超えるものそのものを具体化したのです。「……天才の偶像化には、商業社会にみられる他の信条と同じように、人間の人格を貶めるところがある」[38]。「天才」よ、退場せよです。わたしたちには、「人間の本質をその人間自身が物にしてしまうことはできない」[39]と語り続けるアーレントのエネルギーが残っています。

ニーチェは十分に生きられる生の哲学を呼び覚ましました。「わたしが生について哲学することを許すのは、すばらしい成長をとげた者だけだ」。「重大な問題を身体と精神によって生きぬこうとしなければならない」[40]。おそらくハンナ・アーレントは二〇世紀の哲学者のなかではただひとり、独特の仕方でこの生の哲学を特殊政治的な哲学というかたちで実現した唯一の哲学者です。それは、「すばらしい成長をとげた」ユダヤ人女性によって生きられた生の哲学なのです。政治学者としてのアーレントの著作がその証拠ですが、それと同じように、生の必要条件であると同時に写しでもある物語られる生についての省察や、生に不可欠である物語についての省察もその証拠です。というのも、(アーレントがアリストテレスと共に確信しているように)政治的な生以外に生(ビオス)はなく、(アーレントが聖アウグスティヌスと共に確信しているように)物語による再生のなかでなければ、そして再生による以外に生はないからです。

第4講　〈人物〉と身体

アーレントの政治的実践という概念は独創的なものですが、政治的実践がある事態の実現として考えられていることを考慮していないと理解することができません。どういう〈人物〉なのかがわかることは、あまり期待できそうもないというより、わかろうとしても不確かで当てにならないものですが、アーレントは政治的実践ではそれがわかってくるというのです。疎外や客体化や「合理化」を変革しようとするどういう実践も、自由主義と技術がもたらした現状のために失敗せざるをえないのですが、アーレントは自分の個人的・政治的経験を踏まえて、「人間の本質」を核とする基礎存在論を取り込むことから始めて、もっぱら現代世界に着目し、それに批判を集中させることになります。自分が政治的に経験した事柄に基づいて、アーレントには〈人物〉があらわになる政治的実践の起源がしだいにみえてきます。思考や意志や判断について考えるうちに、アーレントは哲学的だと思われる省察をおこないますが、それは政治そのものを解体するとともに哲学をも解体する省察であって、自由についての新しい見方、アーレント独特の見方をえがきだすことになります。〈人物〉についてのこういう問題と身体問題をてがかりにすれば、アーレントが思いえがいた形而上学の決定的な脱構築、すなわち『精神の活動（*The Life of the Mind*）』で哲学／政治の対立関係を捉え直すことをうながす脱構築を理解できるようになるでしょう。

「自分は何者か」。これは「自分は何であるか」という問いと対置されるものです。アーレントの政治的・哲学的著作を活気づけているものは、この二つの問いの違いが明らかになり、そのことが関心の的になったことなのです。アーレントにとってはそれ以前に、ハイデガーの「〈現存在〉(Dasein)は何者か」という問いがまず現れていました。しかし孤独裡の反省とは反対に、アーレントが〈人物〉を開示する行為や〈人物〉を語る言葉の基礎とするものは世界における人間の複数性なのです。ではほんとうにアーレントは、非難も受けた「不当に社会学的な」カント解釈[1]をおこない、もう一方では基礎存在論を人間学化するにいたったのでしょうか。

アーレントの思想においては、ハイデガーによる革命が取りあげて論じられます。ハイデガーでは〈人物〉はフッサール的〈自我〉の場とされる意識の超越論的な生から抜き取られ、それ自身に開かれていると同時に〈存在者〉である他者にも開かれていて、他へのそういうかかわりのなかで自らの存在を達成します。そして、〈現存在〉が〈存在〉とかかわるのは〈目配り(Sicht)〉によってですが、現存在は〈気配り(Sorge)〉に安住するための世界内部の大事な問題を打ち捨てることによって、自己本来の可能性、つまり自己自身の有限性と立ち向かうことになっています。つまり世界内存在であることの不安が、現存在の有限性を、もっとも固有の存在可能性である現存在の可死性として開示するというわけです。このような開示は、アーレントによって忌避されるどころではありません。それは『人間の条件』では、〈人物〉と〈特性〉との間に認められている区別全体を根底において支えるものとなっているのです。しかしアーレントは大事な問題を政治的空間に持っていきます。政治的空間は存在論的なものの切り下げではなく、それこそまさにキリスト教の遺産である「顕現（incarnation）」の（唯一の）現代版なのです。〈人物〉が世界の内部にあって顕現するものであれば、〈人物〉は不可避的に政治的なものであります。本質的にはこの点にこそ、〈人物〉と〈特性〉との違いがあるわけです。

〈特性〉を還元すると、社会現象や生物学的属性になります。「性質、天分、才能、短所[2]」のために個人がユニークなものになることはありえますが、そういう個々の特質がかかわっているのは〈特性〉であって、〈特性〉は名前も失って生物の種のなかに、あるいは自然の意味での生命である生物学的な生命のなかに消え失せるものです。そういう生物学的な生命から人間は身をもぎ離して、自分の唯一独自の在り方を確立しなければなりません。そうなれば〈人物〉はまさに生物学的な生命から解放されたもの、ギリシャ人がダイモーンと呼んだもの、すなわち「他の人々にははっきりまちがいなくみえる」が「本人の目には隠されたままである[3]」と言われるあのダイモーンとなることでしょう。

出現の空間でいつもみられ、実践している〈人物〉があらわになるのは、ゾーエーとして理解される生命においてでも社会的功利主義的活動においてでもありません。アーレントでは〈人物〉は、孤立した自己ではないからです。ハイデガーは存在者を〈存在〉へ導く動きを示すことによって、孤立を抜けだした在り方は過剰（Überschuß）であり、最終的には「自分（ipse）という意味での自己（Selbst）」から浄化されて、「自己であることの本来的可能性」と「内奥の知」に到達すると説明していますそういう考え方では、現象とロゴスが融合してしまって、世界に投げ込まれ見捨てられた徹底的な孤独という物凄い無気味さ（Unheimlichkeit）の徴候である不安という在り方以外の在り方は許されないことになります。(4) アーレントは、自己自身の在り方をあらわにする〈人物〉という過剰なものを捨て去るわけではなく、逆にその過剰なものを実践と他者との討議のうちに位置づけます。〈人物〉は、隠れている自己ですが、大衆にはみえないとか時間の中に消えゆく他の人々の記憶から消えていくというより、自分自身にはもっと隠されているものです。「誰かの生」としての〈人物〉は実際に本質的なものとして現れますが、その現れ方にはある特定の仕方が認められます。その「本質的なもの」は複数の他者が生きている時間のなかに現れるからです。ハンナ・アーレントはずっと「異国の女性」だったわけですが、腹立ちまぎれではないにしても、自分独自のあり方をたえず認めてもらおうとしました。それは、思考し、行動し、多様な人々との交わりのなかで「相互の」信頼関係を失わずに、自分が異質のままに生き抜くためでした。アーレントにとって〈人物〉が自分自身にあらわになるのは、共同存在（Mit-sein）から切り離された「内奥の知」においてではなく、大勢の人々の前でかならずあらわになるダイナミックな例外的状況においてなのです。さまざまな人々はそれぞれの特質を備えて生まれてきた人々ですが、新来者を受け入れ理解するにあたっては、かならず「君はどういう人物か」と尋ねるものです。

〈人物〉は、単に種の一員である生命でもなければ自分独りで生きている者でもありません。〈人物〉は自然と社会から救いだされるのであって、自然や社会は〈人物〉を種の一要素として扱ったり、生産者の「管理」グループに従属するものとして扱ったりするわけですが、〈人物〉は自分だけの孤立状態からも救いだされるものなのです。ある仕方で複数の人々の間に登場し、人類の物語という無限の時間のなかにいながら、〈人物〉は、行為や実践を超え物象化や客体化の試みに対抗するダイナミックな現実（エネルゲイア）として現れます。「…〈人物〉の開示は、人が自分の性質を扱うのと同じやり方で意のままに扱えるかのように意図的にめざして達成できるものではない」。〈人物〉は（「労働」や「仕事」と区別されることを忘れてはならない）「実践」においてのみ開示され、実践に結びついています。たとえ実践が「単なる生産的活動を超える」[5]としても、〈人物〉が現れなければその実践は意味のないものになってしまいます。〈人物〉は創造的過程の「源泉」であるようにみえますが、あくまでも製作過程の外部にあって、「他の人々が成し遂げる事柄とは別物」[6]なのです。

人間の「本質」あるいは「本性」という困難な問題を扱うにあたって、アーレントは「マールブルクの師［ハイデガー］」の思想や、アリストテレスやキリスト教の教父たちについての自分の解釈の見直しをおこなっています。その見直しをせまったものが、世界におけるアーレント自身の政治的経験だったのは疑いありません。アーレントの理論では、謎めいた「本質」にとって代わるのが、〈人物〉という過剰にほかならないのです。そのうえこの過剰は純粋思考でもなければ、〈存在〉をあらわにする純粋言語でもありません。〈人物〉は生のさまざまな状況のただなかで現れることになりますが、その状況は他者たちとともに活動をおこなう状況であって、そこでは〈人物〉は絶対的な仕方で決定されるわけではありません。過剰としての〈人物〉は、生物学的生命から、つまり自然との新陳代謝から、さらには「仕事」や「産物」の物象化から自己自身をたえず引き離すことによって立ち現れるものなのです。〈人物〉は「源泉」であるようにみえるかもしれませんが、〈人物〉が姿を現すのは何より不確かな仕方で、しかも後になってからのことです。すなわち、〈人物〉は「〔性質その他の〕もの（quid）」が消えてしまっても、ヘラクレイトスの〈徴〉と同じ仕方で、多くのさまざまな証人の証言からわかってくるのです。

「言い換えれば、（ありもしない）人間本性一般とか個人の性質や欠点の総計ではなくて、どういう人物であるかという意味での人間の本質が現れるのは、生命がストーリーだけを残して消え去るときのみである、……アキレウスでさえ…物語の語り手や詩人や歴史家に依存しているのであって、このような人々がいなければ、アキレウスがおこなったことはすべてむなしいものに終わっていたことであろう……」(7)。

〈人物〉は、自分が死すべき者であるのを知り、連続する種の一員にとどまらず、対立する多様な意見のなかで語られて記憶される者であるのがわかっています。「もの（quid）」であることをやめ、「労働」や「仕事」を「実践」に変えようとするのはこのためです。「実践」は語られ、過去と未来へ投影され、他者と共有されます。アーレントは〈人物〉の独自性を開示する実践を賛美するとき、ダンテの次の言葉を引用しています。

「……本性のしからしむるところであろうと自らの選びしことであろうと、いかなる実践にあっても、当人が最初にめざすのは自分の思い出を残すことである。……相手に何の感銘をも与えないのであれば、それは実践の名に値しない[8]」。

現実の実践のただなかで〈人物〉をあらわにするものは、まさに異常なものとしか言いようがありません。もっともそれが異常だというのは、他人を寄せつけぬ傲岸な態度だからではなくて、それがギリシャの市民が皆それにあやかれると思われている英雄たち（heros）の際立った特徴だからです。そういう特徴は神学の伝統では聖アウグスティヌスのあとでは、「独自性」という意味に理解されたものです。アーレントは全体主義による大衆化に恐怖をいだいたわけですが、その恐怖がどれほどのものであったかをよくあらわしているのが、著作のなかで〈人物〉の独自性を説いている「精妙博士と称される」ドゥンス・スコトゥスへの着目です。スコトゥスによると「〈此性

（haecceitas）〉で特徴づけられる特定のもの（res）だけが人間にとってリアルだと言うことができる」[9]。そしてスコトゥスの個体化の原理（principium individuationis）、これによって人間はすぐれて特異なものとなるわけですが、アーレントはそれに熱狂的に賛意を表明しています。ドゥンス・スコトゥスが「この人」を高く評価することは、この人に種より上の地位を与えるだけでなく、先行するすべての人類の思考より上、そして思考の普遍性よりも上の地位を与えることです。さらにまたドゥンス・スコトゥスは、意志よりも知性の方がすぐれているとするのも拒んで、精神力を特異なものとするだけでなく、欲望と推理の力を解き放ち、人間世界を偶然の世界だと決めつける因果性一点ばりの考え方に反対して、特異な人間に前例のない自由を与えています。結局、知性が決定的に直観に根ざすものである以上、何かを「此性（haecceitas）」という性質の観点で捉えるときには、その認識はつねに不完全で欠陥に満ちているものです。しかし至高善（summum bonum）、つまり「最高存在」の観想によって、欲望は愛へと変化して、アウグスティヌスが開いた道を実現することになります。「愛するとは、あなたがいるのを欲することです（Amo: volo ut sis）」。アーレントは「愛は活動として理解される」と書いていますが、その活動は精神活動だけではありません。「此性（haecceitas）」を優先させれば、「対象は感覚ぬきではありえず、知性による知識は不完全である」ということにしかならないからです。思考と感じとられる活動との合一を、アーレントはギリシャ人の偉業のうちにみいだしていましたが、「此性（haecceitas）」を入れることによって、それがスコトゥスの言う至福のうちに現実のものとなり、「対象は単に心のなかで思っているだけのものではなく、それ本来の在り方のまま完全に得られる[10]」のです。ドゥンス・スコトゥスによる自由の哲学と偶然性の重視によって、アーレントは〈人物〉の独自性についての考察を深めるとともに、欲望と愛情との境界を考えるにあたって、思考と感性的知覚との間の緊張についても考える機会を与えられたわけです。そういう思考を進めるなかでアーレントは、一三世紀のフランシスコ修道会のピエール・オリウ〔Petrus Johannis Olivi〕の著作に註解を加えてもいます。この〈意志〉の哲学者オリウは表面的な「事実」にとどまることなく、「自己自身の確証[11]（experimentum suitatis）」という言葉を使って〈人物〉の独自性を別の形であらわしています。

「脆弱極まる人間世界」において〈人物〉があらわになることを示すにあたって、アーレントの探究は二つの方向で進められています。一方では、公共空間にみられる闘技を通じての連帯のうちに基礎存在論の根底をみいだそうとしますが、これは基礎存在論を使って〈人物〉の尊厳を肯定し保護するためです。他面においては、そういうやり方から生まれる政治的思考は、「政治」を看板にかかげて実際に引き起こされている事態を解体するものにほかなりません。アーレントはそのことをJudah Magnesに次のように書いて示すことができました。「今世紀の政治はいつもほとんど絶望のなせるわざであり、わたしはいつもそれから逃げだしたい気分でした[12]」。それでもその後続けられたのは、政治だけでなく政治に含まれている人間学についての綿密かつ完全な吟味でした。

〈人物〉とは反対に、アーレントは身体を、生殖と労働という二通りの仕方で生命過程を担っているものとみなしています。身体は自然との新陳代謝をおこないつつ、種を再生産したり欲求を満たしたりします。そういう働きをする身体を具体的に示しているのが女性であり奴隷であるというわけですが、そこに認められるのは、人間的なものの零度であり、生物学的な生命（ゾーエー）の根本的な表現にすぎません。身体は自然を超えることはけっしてなく、身体は世界から離れて私的領域でのみ活動するのです。種とその保存に制限されて、こういう身体はまさにその事実のために、「わかち合えない唯一のもの」と思われて、私有物の原型とされます。世界から離れているために、仕事とその器官である身体は、人間の多面的な在り方のうちでももっとも「共通でない」ものであって、情念の対象になります。情念の荒々しい力は容易に制御できるものではなく、その力を制御するためには、それと対比させてアーレントが提示する〈世界への愛（amor mundi）〉を呼び起こす以外にすべはありません。

また非常に重要なことは、こういう身体はさまざまな感覚や知覚を感知できないとしか思えないことです。最終的にアーレントは、人間は出現する限りで存在するものであることを思いだして、視覚は他の感覚や知覚を包括するものだと主張し、根本的には比喩的な言い方にすぎないにしても、知覚内容を言語の構造の枠内にとどめることになります。[13] アーレントはまたメルロ＝ポンティを援用して、宇宙がみえるものとみえないものの混合であるのが真実ならば、「現象を取りちがえること」はなくならず、唯一の真理には到達できないとも主張しています。[14]しかし『人間の条件』では、アーレントの理論家としての念願は、再生産と生産、生物学と労働を通じて、〈人物〉に道を拓くことであるため、ゾーエーに距離を置く場合に、身体は絶対的な敵ではないにしても主な標的、疎外の主要な原型として登場します。このためこの「重荷に満ちた」世界で身体に触れる唯一の経験は、苦痛以外にないということになります。快感について触れていても、それは苦痛と同列に置くためにすぎません。いずれも「身体内部で起こり」、外部の対象をもたず、一種の自閉症的閉域のなかで尽きてしまうように思われるというわけです。「人間を徹底的に世界から投げ出すものとして、奴隷状態なり極端に耐えがたい苦痛のなかで身体の生命だけに精神を集中せざるをえないことにまさるものはない」[15]。アーレントは著作のなかで、対象のない苦痛、身体的に感じられるだけで他人に伝えられない苦痛というテーマをよく取りあげています。メランコリーの経験の部類であるこの苦痛は、サド・マゾヒズムに達するようなセックスに関する伝達可能な苦痛や誘惑とは別問題です。セックスとは別次元の苦痛と平行して、アーレントは孤立においてしか到達できない「苦痛なき状態」にすぎない幸福というストア学派の幸福観を取りあげています。それは快楽主義や感覚主義にふさわしい概念ですが、アーレントはそれを可能な限りもっとも首尾一貫したものであると共に、身体感覚の「全く非政治的な」性格を証明するものであると考えています。[16]

アーレントは身体を非政治的とみるにとどまらず、一般的なものの次元に属するとみています。

必要なら付け加えておきますが、これは身体を〈人物〉の対極に置くことなのです。アリストテレスの『魂について』にもとづく主張に夢中になって、アーレントは内部器官と精神状態は「同じようなもの」だと考えています。内部器官と精神状態が区別されるのは、出現の空間で言葉が述べられてからのことだからです。結局、魂と同じように内部器官も視覚には隠されていて外に現れない以上、それを区別する必要がどこにありましょう。内部器官も魂もある意味では一般的なものの次元に属していると言えますが、それは、器官や魂が現れないからではなくて、本来「非政治的」[17]なものだからなのです。アーレントと論争して、ＤＮＡの場合のように、深く隠されている生物学的な身体は逆に非常に個別化されているとか、公共空間を差異の空間として救いたいという考えはたしかに高邁なものだが、アーレントの主張がいつも検証に耐えるとは限らないと言う人もいるかもしれません。

　いまは以下のことに注目するだけにしておきます。アーレントは身体を興味のない一般性のほうに追いやって、身体が生物学の領域に属し、〈人物〉の独自性にとって障害になることだけを理由に、心理学や精神分析学を厄介払いしようとしているのです。アーレントは医学や生理学は器官が共有するものを関心の対象にしていると思っていて、それもまちがいではないけれども、それだけではないわけですが、それを一緒くたにしてこきおろしてこう言っています。「心理学や深層心理学あるいは精神分析学が明らかにするのは、変わりやすい気分だとか心的活動の変転くらいなものにすぎず、そういう研究の成果や発見に格別魅力があるわけでもなく、それ自体としても非常に重要というものでもない」[18]。「格別魅力があるわけでもなく」という言葉が疑いなく、ここではもっともよくアーレントの気持ちをあらわしているでしょう。精神分析学は「魅力がない」だけではなく、アーレントは恐ろしいのです。自分でそれが恐ろしいのです。さらにアーレントは続けてこう言っています。「同じことを単調に繰り返すばかりで、どれもこれも醜悪でみるにたえないのが、現代心理学で発見されるものの特徴である」。単調とか醜悪でみるにたえない？「欲動はつねに同一であり」、「混乱したり異常になったりして初めて、特定の欲動がみられるにすぎない」[19]。醜悪さ、反復、機能不全を怖れているのは誰でしょうか。もっと重要なことがあります。精神分析学に対して、アーレントのふだんの厳密さにふさわしくない通俗的な見方でもしない限り、精神分析学が「一般性」に執着して、「議論」をそこなっているというようなことはとても言えたものではありません。まったく正反対に、フロイトの発見によって、心的活動が現実の活動となるのは、たとえばそれこそどの主体にとっても真の作詩法であり産婆術でもあるユニークな話を聞いて、心的活動が唯一独自のものとして現れてくる場合だけであることが明らかになったのです。必ずセックスや死に結びつく「衝動」や「精力」が「醜悪」に思われることはありますが、それは分析者にとっては、誰かが何らかの仕方で表現するか話さない限り存在しないものです。

アーレントの反論はこうです。自分は個人的・歴史的な経験を積み重ね、「脆弱極まる人間世界」

を純粋な形で捉えるにいたり、そこが雑多で（「行為と言葉」を共用する）闘争と切り離せないものであることに注目した、と。アーレントは政治の概念と実践の範囲を非常に拡大して、この純化したものを政治と呼ぶわけです。アーレントは、言葉を発する主体が文法的には単数であること、それと同時に他の人々が過ごす時間が複雑きわまりないものであることを強調します。そしてアーレント自身は、独我論的な時間性に閉じこもることはありません。この壮大な計画に敬意を払うにやぶさかではないだけに、そういう計画を立てた人物に対して、未完成に終わったものや、それが未完成に終わった理由とか手控えた理由を問いただすのは公平なやり方ではないでしょう。

身体や心理現象が唯一独自のものであることを考察するのを拒否したために、アーレントは暴力の経験、とくに全体主義にも現代の左翼運動にも含まれている政治的暴力におけるサド・マゾヒズムの役割を考察するにはいたりませんでした[20]。政治評論家であり政治学者であるアーレントのみるところでは、現代の暴力の政治的原因は政治的な力の衰退にあって、弱点を補い勢力を強化するため圧政をおこない、挙げ句のはてには核兵器のような現代の絶滅技術まで開発するありさまです。こういうことにさらに、とくにサド・マゾヒズムのような心理学的要因を取りあげれば、現象が発生した「条件」や現象が「実現してきた過程」を十分に捉えるために無視できない要素が加わって、その分析はもっと豊かなものになります。

アーレントはキリスト教教会における権威の概念、とくにその権威の基礎となっている地獄への恐怖を扱うときに、サド・マゾヒズムというテーマに簡単に触れています。報償と懲罰の相互関係、信仰の土台であることから起こる恐怖を、アーレントは正しく「伝統的宗教の唯一の政治的要素」だとみています。しかしアーレントは、そのダイナミックな関係が生じる心理学的な基礎を問題にしていませんし、それと政治との結びつきを説く主張を支えるに必要な論証もおこなっていないのです。アーレントは、世俗化した現代世界における恐怖と権力による錬金術の特殊な運命を分析することはありません。現代世界はたしかに地獄の恐怖は片づけたものの、アーレントが慎重に「脆弱極まる人間世界」と呼ぶものにおけるサド・マゾヒズムの役割はまったく未解決のままなのです。(21)これはおそらくアーレントが触れたくなかった要素です。それは疑いもなく、いわゆる「個人的」な理由のためでもあり、思考の一貫性を守るためでもあったのでしょう。アーレントにとっては、何よりもまず最高の政治的複数性の核心をなす〈人物〉の自由を救い、制御できない無意識にそれを断じて任せないことが重要だったからです。「どういう人物」からも身体を奪うことになるリスクをおかしたのもそのためですが、身体が邪魔だったのかもしれません。それにしても何と都合のいい考え方なのでしょう。

こうした自己防衛や用心深さは、アーレントが判断の生成を分析する際には一時ほとんど影をひそめています。判断といえば、これは政治的空間の中核をなしている活動です。なぜなら、思考が独我論的な在り方を脱して「幅広い考え方」と「共通の意味」を共有して、複数の人々が意見の可否を決めるのは判断によるからです。判断する能力の元はカントによれば「味覚」なのです。アーレントはその線で考えます。視覚に基礎を置くハイデガー的な世界の在り方と訣別します。味覚は口と鼻の感覚を動員する感覚で、（視覚・聴覚・触覚のような）他の感覚より遙かに身体と切り離せない感覚です。ところが味覚には他の人々とわかち合えるというユニークな性質があります。判断力は構想力を駆使してそのユニークな性質を活用し、味覚を政治的空間のなかに拡大するのです。しかし他者と共有できるというまえに、味覚は旨いか不味いかを区別し、判別する能力にすぎません。まさにここが問題なのです。アーレントは最後の著作で、身体と快感を感じる身体の能力に直面したのでしょうか。理論家アーレントのペンによって、判断の基準として快感が取り入れられているのでしょうか。まだそうとは言えません。快感がものを見分けてどちらかに決めるわけですが、その快感にはアーレントはカントと共にちょっと触れるだけです。快感が判断の原型として考えられるかもしれないのに、アーレントは快感が「是認／否認」に移し替えられる範囲、つまり第二の「快感」を引き起こす段階にしか関心がないのです。「快感を与えるのは是認する行為であり、不快にするのは否認する行為である」。この「第二の快感」の基準は何で、その快感が命じる選択の基準は何なのでしょうか。アーレントはきっぱりと言います。それは「伝達可能性」である、公的であるという性格以外の何ものでもない、と。[22]「反省という操作」の準備をととのえる「構想力」の進む方向へ早々と（あまりにも素早く）向かったために、アーレントは最初の快感、快感を感じる身体を無視したのです。しかし判断についていえば、快感を感じたり不快な思いをしたりする身体を判断が完全に「忘れる」という保証はどこにもありません。カントの後でフロイトはこの口唇的欲動の最初の快感の原動力を問題にしました。しかしアーレントは知ろうとしませんでした。そういう「政治以前の醜悪なもの」は明らかに「魅力的なもの」ではないというわけです。

このコンテキストでは、男性の身体よりも女性の身体がアーレントの注意を引くことはありません。「女であること」にアーレントが敢えて考察を加えようとしたとしても、女性の身体を、ゾーエーをビオスに変形させるために人間が抜けだすべき自然過程の領域に入れるだけだっただろうと考えても、アーレントの思想を曲解することにはならないでしょう。政治的空間は、生物学的な生命を乗り越えて、女性や奴隷を引き替えにして得られるべき唯一高貴な空間であるわけでしょう。ところがこの点でアーレントの思考はもっと入りくんだものになっています。なぜなら、（身体のような）「与えられた」ものは〈人物〉があらわになる緊迫した状況に加わっていて、その意味では「感謝し」「甘受する」に値するからです。したがってアーレントは、自分がユダヤ人であることと同じように、自分が女性であることも単純にそのまま受け入れています。「実を言うと、わたしは他人の振りをしたり、別人のように振る舞ったことは一度もなければ、そうしたいと思ったことさえありません。そんなことをやったら、それは自分は男であって女ではないと言うようなものでしょう。それではまるで狂気の沙汰ですよ[23]」。この冷静さに付け加えて、スピノザの言う「調和のうちに生きることを可能にする」理性から生まれる「自己自身に安らぐ満足（acquiescientia in seipso）」にアーレントが注目していることを考えれば[24]、アーレントが自分の身体をそのまま受け入れる底には、信仰ではないが一種の確信があると思ってもまちがいではないでしょう。アーレントがその思想につきものの矛盾を無視して暗黙のうちに理解させようとしているのは、身体はたしかに隷属的なものだが恵みであり恩寵であること、つまり身体は一種の「個」であって、思考や意識が「いつでも歓迎」と言わんばかりの「考える自我」とは別物である「自己」だということなのです[25]。

同様に慎重に省略や婉曲話法を用いて、『創世記』（一章二七節）には両性間の区別がすでに明らかに語られているという考えを示しています。神は確かにアダムを創った。しかし創造の物語は「男と女にかれらを創った」ことも明らかにしているというわけです。アーレントによれば、このテキストには、人間の複数性が実践の必要条件であり、男女の始めの差異が最初から複数性を構成していることが暗示されているのです。アーレントはさらにこう付け加えています。イエスが『創世記』（一章二七節）の言葉を繰り返したのは、その信仰が実践と結びついており、その結果最初から「男と女にかれらを創った」ことを思いださせなければならないからである、と。それに対して、信仰が救済に結びついていた聖パウロは、女性は「男性から」「男性のために」創られたという言い方を何度も繰り返しているというわけです[26]。したがって、女性であるということは単に人類の起源から決まったことなのではなくて、周知のようにアーレントにとっては政治的なもののまさに本質をなしている実践特有の不可欠な差異と考えられているのであります。すなわち女性であることは奴隷的な身体のなかに閉じ込められているということではなくて、実は世界の複数性を構成し、自分もその一員である複数性を作りあげているのです。

女性であることは〈世界への愛（amor mundi）〉に決定的な役割を果たしえたかもしれないのですが、アーレントはその本性について、以上のような初期の頃の思想をさらに深めようとはしませんでした。[27] 敢えて言えば、アーレントは各人にそれぞれの差異があることを明らかにして、〈人物〉としての自分の独自性をなくそうとするおそれのある運動やグループに呑み込まれないように自衛することにしたのです。「複数性が人間的実践の条件であるのは、われわれが人間であるという点ではみな同じであるのに、誰も過去、現在、未来のどの人とも同じではなかったというのが事実だからである」。[28] 全体主義からの教訓としてこれにまさるものがあるでしょうか。フェミニズム運動がさかんだった頃、女性であることの問題を扱ったテキストにわたしは、「独自である女性たち（Unes femmes）」というタイトルをつけました。複数の人々のなかで文法的には単数であり続けることをあらわそうとしたのです。これはフランソワーズ・コラン編集の『グリフ手帖（Cahiers du Grif）』に発表しました。コランは、情熱と優しさを失うことなくハンナ・アーレントの著作に最初に関心をいだいたひとりでした。[29]

第5講　判断〔裁き〕

ハンナ・アーレントが未完に終わった最後の論文で論じているのは、思考が政治的実践となって現れる判断についてであります。その論文には、一九七〇年秋にニュースクールでおこなわれたカントの政治哲学に関する講義や、「構想力」と題する『判断力批判』についてのセミナーが含まれています。そこにはカントもアーレントも仕上げなかった将来の政治哲学のための非常に魅力ある基礎が提示されているのですが、その政治哲学の実態については想像するほかありません。ここでは、アーレントが構想しながらもその多様な射程を体系的に辿ることのなかった政治哲学について述べてみましょう。したがって取りあげるのは、一九五八年の『人間の条件』についての考察だけではありません。判断に関する最後のテキストも取りあげることになります。

アーレントがカントに従って、政治哲学の基礎として提示する「判断力」は「認識上の判断力」ではありません。趣味判断は本質的に共通感覚によるわけですから、悟性は無視されます。それはまたけっしてヘーゲル方式の「歴史による審判」でもありません。ヘーゲルにとって「世界歴史は世界審判である」というわけですが、これは成功にしか最後の決定権を与えないものです。カントがフランス革命の「印象」からだけではなく、趣味に関する一八世紀の多くの論文[1]からも着想を得たのは間違いありません。そういう論文をアーレントが知らなかったことはたしかですが、そのために、感覚と意見の表現との相互関係についてのアーレントの探究が狭まったのを残念に思うほかありません。それでも、人間の社交性と交流から得られる快感を認めているカントのテキストに、

哲学者アーレントは「フランス・モラリストのひとりが書いたような印象」を受けています。(2)

こういう線での思考が中断されているので、読者はこの種の「美的判断力」にもとづく政治共同体がどのようなものでありうるかは想像するほかはありません。美的判断力といえば、必要に応じて悟性も活用し直接に伝達可能な趣味にもとづくもので、学ぶことはできず訓練するより仕方のないものです。それはフランスのモラリストたちの性的快楽のないユートピアの実現なのでしょうか。それともニーチェの「道徳的事実」抜きの「無垢の未来」の実現なのでしょうか。それとも、ディオニュソス的「趣味」を本質的に道徳化し共通感覚によって「義務」に変えようとするものなのでしょうか。あるいは物語る行為を「芸術作品」に仕立てあげることのない美学的政治なのでしょうか。

こういう推測はどれも逆説的なものであるし検証もできないのですが、魅力的なものではありません。しかし最後まで魅力を失わないのは、自由であると同時に公正な生きがいのある人間の状況の根拠を示すために、特殊と一般、個人と複数性の間の結びつきの基礎をどこまでも追求していく思考へのアーレントの情熱です。

ガーダマーはカントの美学は共通感覚という観念を「非政治化」し、趣味の能力を美学化していると批判していますが、アーレントに対するハーバーマスによる批判をそれと並べてみてもいいでしょう。(3) ハーバーマスは、判断には認識における役割があるというアーレントの主張を否定し、アーレントは実践的（政治的）議論と合理的議論を分離していると非難します。というのは、アーレントは「世論」と「認識」を切り離しているからだというわけです。アーレントによると、政治的信念に認識上の地位を与えると、世論を完全に危機にさらすことになります。全体主義の政治的経験のおかげで、「甘い言葉」で世論がいかに振り回されるか、アーレントにはよくわかっていました。そこでアーレントは実証的合理性を大きく切り開いて政治を拡大し、美的判断や趣味、直観や構想力も政治に含めることができるわけです。ガーダマーやハーバーマスの論文に対しては逆に、判断やその政治的な成り立ちについてのアーレントやカントの見解を持ちだすこともできましょうし、前述定的経験を重視する現象学にならって無意識の理論をもっと徹底的に究めて、そこに明確に浮かびでる「直観的」な経験を閉ざすことなく深めるように、他の人々に求めることもできるでしょう。

カントは実際には著しませんでしたが、[4]アーレントは疑いなく書きあげるつもりだった政治的理性批判にあたる『第四批判』は結局、判断についての講義にかかろうとしただけです。しかし、アーレントは歴史だけでなく政治を注意深くみていただけに、そういう思想を適用する端緒をすでにもっと根本的な仕方でつかんでいたのでした。しかもそういう思想の領域から離れることもありませんでした。その機縁となったのは、「赦し」と「約束」という判断の二つの逆説的な様相についての経験にほかならなかったのです。

言い換えれば、アーレントによると、思慮深い理解に支えられないと、判断は簡単にブレやすいように思われます。[5] でも判断がくだされるのは、独自な趣味をもちながらわかり合える人々からなる不安定な人間共同体においてのことです。しかしこのことこそ、〈人物〉があらわになる精神の活動に余地を残し、全体主義的になりがちな価値の「システム」に精神の活動が固定されないための必要条件なのです。そのことからすぐわかりますが、アーレントがたとえ「判断」を書き終えることができたとしても、正しい判断のための処方箋を書いたり、正しい判断に達する道を示したりはしなかったでしょう。アーレントは「脆弱極まる人間世界」に魅力を感じると共に憂慮もおぼえていたからこそ、以前の著作（『人間の条件』）で判断を脅かす二つの障害について考え続けました。その判断を脅かす二つの障害とは、生命過程および（ひいては）現代の政治的実践において、直線として経験される人間的時間にみられる不可逆性と予測不可能性という二つの障害です。

人間の生きる時間が不可逆なものであれば、人間は時間に束縛され、時間から逃れられないために、恨みと復讐の念に囚われることになります。すでにニーチェは、「人間という動物」が「ますます重くなる過去の重さに潰れんばかりになっている」のを確認していました。すべてを忘れて苦しむことのない自然の純粋な動物とは正反対の人間という動物は、「忘れるようにもなれず、いつも過去にしがみついているという事実のため」苦しみ疲れはてているというわけです。[6] 恨みと復讐の念を増大させる記憶の反芻に対してニーチェが要求するものは「忘却する力」であり、「抑制する力、全能力のうちでも積極的な能力」にほかなりません。そういう力が「新しいものに場所をあけるために意識のなかに白紙状態」を作りだすわけです。さらにニーチェがこの「忘却する動物」に結びつけるもうひとつの能力があります。それは約束する能力です。ニーチェはそれを「能動的意志」もしくは「意志の記憶」として説明したのち、約束に認められる心配で不確かなところを挙げていきます。約束とは、人間が「未来を保証すると同時に自分自身を保証する」最大の力なのです。しかし、債務者が債権者に対して間違いなく負い目を感じるように、約束には責任（Schuld）の意識という負債（Schulden）がついてくるので、厳しさ、非情さ、苦しさなどが約束と切り離せません。(7)

ニーチェは「契約」を非難すると同じように「良心」を厳しく非難しますが、ニーチェを丹念に読んだアーレントは、時間を逆にして考えさえすれば、〈人物〉を再生させることができるとして、ニーチェに対して冷静に反論しています。反論するなかでアーレントは、契約して負債を負った良心が、力の意志の苦しみもがく陰鬱な状況を回避し、ニーチェなら「形成する力」と呼びそうなものだけを問題にしています。(8)罪悪感は最終的には無能という形で回収されるのですが、あの直線的な時間を生みだすのもその無力さにほかなりません。罪悪感は禁令や道徳に違反した結果のように思われますが、実はそれ以上に、生命過程と同じ線を辿るとされる場合の時間経験そのものに大いに依存しているのです。時間と生命過程とを結びつける鎖を断ち切るためには、それを打ち壊すものが必要です。アーレントにとっては、それは忘却ではありません。それは赦しだということになります。おこなったことを取り消すことはできません。自分ひとりで忘れてしまうというようなことは考えられません。おそらくアーレントは、他者の前に現れるという要素と他の人々との会話がなければ、忘れたといったところで、それは抑圧したにすぎないと考えたのでしょう。しかし、お互い同志の間でたちまち消え失せる実践活動を展開するなかでなら、予想もしていなかったし是認するわけにもいかない結果を生んだ過去の行為から解放されるのは、人々に十分認められることではないでしょうか。

赦しという広大な問題領域を簡潔に論じるとき、アーレントは赦しがたいものがあることを否定していません。（一九六三年のアイヒマン裁判よりずっと前に、アーレントが一九五八年にカントを引いて書いたように[9]）「根元的な悪」である行為があります。

「公的な舞台でこのような〈根元悪〉の希有の爆発をみせつけられたわれわれにさえ、この〈根元悪〉の性格はほとんどわかっていない。われわれにわかっているのは、こういう罪は罰することも赦すこともできず、したがってそれは人間の世界と人間の潜在能力を超えているだけでなく、そういう罪が現れれば人間の世界も人間の潜在能力も根本的に破壊されてしまうということだけである[10]」。

それにもかかわらずアーレントは、「犯罪や意図的な悪はめったにあるものではなく、おそらく善行よりももっと珍しいものだろう」と書いています。わたしたちが毎日目にし裁いているものはほんの〈反則のたぐい〉にすぎず、これは関係の網の目のなかで絶えず新しい関係を作りだそうとする「実践の本性そのもの」から生じる結果なのだから、「知らざるためおこなったことから人々が解放されて、活動を続けられるようにするためには、赦しが必要であり、忘れてやる必要がある」[11]。

赦しという概念にこのように注意をうながした後、さらに付け加えてアーレントはこう言っています。すなわち、赦しは人に与えられるものであって、行為に与えられるものではない。殺人や窃盗を赦すことはできない。赦すことができるのは殺人者や泥棒に限られる。何かを赦すのではなく誰かを赦そうとするとき、赦しは愛の行為であることが明らかになる。もっとも、愛があろうとなかろうと、赦すというのは相手のことを配慮すればこそやれることである。正義は全員が平等であることを求め、犯された行為を裁くが、赦しでは不平等が強調され、人々が評価の対象となる。その点では違っていても、赦しと裁きは「同じコインの裏と表」であり、「裁きには赦しの可能性が開かれている」というわけです[12]。

アーレントがアイヒマン裁判に関する著書で述べている「裁き」は、こういうコンテキストに置いて考えるべきものなのです。アーレントがこの犯罪者をけっして赦さないのは、「その人格を考慮に入れ」ようにも、そこにいるのは人格の名に値しない者であり、人物ないし「人と呼べるもの」の不在であり、自分の行為を判断できないため赦しの領域から排除されている役人のロボットでしかないからです。この論法はアーレントには「赦しがたい罪」、「根元悪」の議論と同じように徹底したものだと思えます。それはアイヒマンが身を捧げた体制が犯した罪であり、その限りで人間能力のどういう可能性をも破壊して、「われわれからいっさいの力を奪って、われわれとしてはイエスと共にこう繰り返すほかはない。〈挽き臼を頸にかけて海に投げ入れてやったほうがかれのためだ〉」[13]。アーレントはこのキリスト的な判断で決着をつけるどころか、やはり「ユダヤ人に対して犯された人道に反する罪」を罰するための国際裁判所の創設を願っています。アーレントの考えでは、処罰は執行猶予的な赦しの論理と矛盾するものではありません。つまり赦しと同じように、処罰は、そうしなければ限りなく繰り返されかねないものに終止符を打つものなのです[14]。

逆にその人が考えて判断できるのであれば、問い方はどういう仕方であれ、またそこにどういう限界があれ、それはつねに再開や再生の試みなのですから、アーレントは大いに赦す気持ちで判断して声をかけます。たとえばブレヒトの場合がそうです。ブレヒトは才能のある者にとって考えられる限り最悪の処罰を与え、すなわち才能を殺してしまうことによって、最初に自分を罰したのではなかったでしょうか。アーレントはブレヒトの作品のメランコリックな美しさについて、断固として熱っぽく語っていますが、しかしそれと同時に、「この哀れなB．B．」がスターリンの栄光を讃えて書いた言葉にみられる、詩人特有の職業病ともいえる「無責任さ」を厳しく裁いています。アーレントは、この特定の「実例」をもとにして一般的見解を述べています。つまりブレヒトには少しも自己憐憫の気配はありませんでしたが、諸事万般を考えてみると「今世紀に限らずどの時代でも詩人たることがいかに困難なことであるか」[15]を、ブレヒトはわたしたちに教えてくれているというのです。

アーレントの判断では、ハイデガーには明らかに他の誰よりも赦される資格があることになります。それは、「人間の生活ではごく稀なことだが、比類なき自己開示の力が備わり、しかも〈人物〉の開示の実態をこの上なく明確に示す」[16]あの恋愛だけによることではありません。それは、愛することでわかったことでしょうが、ハイデガーの思想によってアーレントのうちにめざめた思考の力によるものでもあるのです。あらゆる思想のうちでもユニークなハイデガーの思想を、アーレントは論じ、解体もするのですが、「世界という空間に隔てられているこの方への敬意」[17]を失うことはけっしてありませんでした。

アーレントは赦しを発見したのはイエスだとしています。赦すということはギリシャ人には知られていなかった知恵であり、過去においてそれに先んじていたのはローマ時代の犠牲者の助命（parcere subjectis）という原理ですが、それもイエスの赦しを予告していたにすぎません。赦しというキリストの教えは宗教の用語で表現されていますが、アーレントによれば、それは「イスラエルの政治当局に反抗していたイエスの使徒たちとの小さな緊密な共同生活の経験」に根ざしています。アーレントはイエスの改革をすぐれて政治的なものだと判断し、最高の政治という広義の概念を強く主張し、厳密に宗教的なものの領域を明らかに超えています。アーレントは、イエスが律法学者やパリサイ人たちに示した修正を重要視しています。すなわち、神は赦しうる唯一の存在でないばかりか、最初に人々が互いに赦し合うことができるからこそ、最後に神は決定的に人々を赦そうとするというわけです。このためアーレントは、とくに「マタイによる福音書」を引用しています。「あなたがたが人々の過ちを赦すならば、あなたがたの天の父もあなたがたを赦してくださるだろう。もし人を赦さなければ、あなたがたの父もあなたがたの過ちを赦してはくださらないであろう」[18]。赦しは、(「為すことを知らざれば」と言われるように)知らずに犯した過ちにもつねに適用されうるものですが、つねに変わりないものであり、限りないものでなければなりません。「あなたに対して一日に七度罪を犯し、そして七度〈悔い改めます〉と言ってあなたのところへ帰ってくれば、赦してやらなければならない[19]」。

アーレントがこのように宗教的実践を活用しているのをみると、わたしたちもその倫理を現代の他の解釈法にも拡張してみようという気になります。転移―逆転移が起こるなかでの精神分析的な聴き取りや分析者の言葉が、赦しの行為のようにみえてもおかしいことではありません。意味づけをおこなうこと、あるいは転移が起こったり話を中断して効果をあげることで、病気による錯乱、不安、さまざまな症状を乗り越えることもできます。トラウマの解消や解釈の脱構築は患者が再生するチャンスともなりますし、患者はそれによって心理地図を書き直し、他者との結びつきを回復することができます。精神分析における解釈は人間的な時間とはまったく違って反復的であり、無限でもあります。これは、分析を受けようとする患者が示す願いから明らかなことですが、実態をみても間違いないことです[20]。

もう一方でこれとは対照的に、未来が不確実で人間の活動が予測不可能であることに対して、人間に安定をもたらし、救いを与えるのが約束です。約束によって安定がもたらされ人間が救われるのは、自由を犠牲にし自己や他者を支配することによって安全を求めようとする欲求が約束によって抑えられるからです。約束がなされると、安全を求めるために自分を抑制したり時間を守らないというようなことはなくなるわけです。約束は古代の遺産でもあり、ローマにおける（「契約は犯すべからず〔pacta sunt servanda〕」とされていた）協定や契約の不可侵性に含まれていました。そして実際にアブラハムにまでさかのぼるものでした。「聖書が語るとおりアブラハムの物語の全体に、契約を結ぼうとする情熱的な衝動が示されていて」、アブラハムは広い世界で約束の力をためしてみようとして国を発ったとしか思えないほどです[21]。アーレントは、夢のような約束満載の全体主義的プロパガンダによる疑似預言者的な世論操作を告発したことがあります。アーレントは明日への約束には慎重で、脆弱極まる人間世界には「ごくわずかな予言可能性」しか認めません。要するに、そういうものは非常に限られた約束であって、条約や契約のように「安全性の確かな里程標を立てることのできる」明らかに相互契約的な約束です。ここで助けになるのが法律です。カルデアのウル人に感謝、モンテスキューに感謝です。

集団の主権を形成する「同一の意志」に反対して、アーレントは相互の約束によって結びついている人々の「協定に基づく計画もしくは構想」を提案しています。それによると人々は、未来が現在であるかのように未来を処理し、ニーチェが「意志の記憶」とか「動物の生活と人間の生活とを区別する顕著な相違」と呼んだ共同生活を、人々はそのすばらしい時間のなかで送ることになります(22)。その勝利について述べる際にアーレントは、超人の歓声を聞くだけで、ニーチェが示す軽視にはくみしません。

アーレントは赦しと約束によって、公的生活に不可欠な最高の二つの「調整メカニズム」を復興したと確信しています。この二つのメカニズムは、公的生活に独特でもっともリスキーなものの中核、すなわち予測不可能で不可逆的な新しい過程を果てしなく開始する能力のなかにある限り、不可欠で最高のものなのです。そのような日常生活の情け容赦のないメカニズムに直面して、赦しと約束が実際に「一種の裁き」をくだすのです。それは明らかに、新しい始まりの可能性への一種の賭と言ってもいいでしょう。政治においては、それはひとつの判断というかたちをとるでしょうが、死すべき者という条件に突き落とすのではなく、「再び生まれうる者」としての人間の能力が人々のうちに開示されるためなのです。この開示はすぐれて奇蹟であり、キリスト教では「福音」と呼ばれ、物語のかたちで示されたものです。その物語は「指示するもの」ではなく、実際には「立ち返ることを求めるもの」ですが、その物語が一般的な話をするのではなくて、出産をうながすという意味でそうなのです。つまりその物語は実に静かに「われわれに子供が生まれた」と語って、〈人物〉の到来を思い起こさせるのです。[23]

福音なのでしょうか。本当にそうなんでしょうか。それがもたらす結果は、本質的に非政治的で世界とは異質な愛を世界に導き入れることです。愛はまさに子供を通して世界に登場し、親となった恋人たちは自分たちの愛のために追放された共同体に帰るのです。そうであれば、たしかに生誕は福音にちがいありません。それこそアーレントが問題にするとともに驚嘆し続けたものなのです。しかしこれは、それほど大変な事柄ではありません。なぜなら、こうして世界に所属することは、ある意味でまさに「愛の終わり」だからです。[24] では、どう考えたらいいのでしょうか。

アーレントとしては「人間世界」の難問と取り組むのをやめるわけにはまいりません。難問はないということになれば、理解すべきものとして何がありましょうか。こういう言い方をするのは、つねに考えつねに理解しながら生きること、それこそがまさにアーレントにとっての精神の活動だからです。アーレントの唯一の情熱が消えることはありません。アーレントは「わたしが望むのは理解することです」[25]と言っています。

赦しと約束が引き起こすさまざまな「難問」のうちでも、赦しと約束が可能かどうかということはけっして容易な問題ではありません。キリスト的な赦しと約束が「政治世界」に介入したときの根本的な異質性は、「信仰」とか「超越」として知られていました。赦しのためには愛を呼び求め、約束のためには法律を求めますが、アーレントはやはり〈人物〉の存在を確実にしようとすれば不可欠な「アルキメデスの支点」によって考えることを惜しみません。アーレントはその支点を神とか超越とは呼ばず、コスモポリタニズムを含む平和に達する高められた伝達可能性というカントの概念を活用して、「人間の複数性」と呼んでいます。アーレントはそこにドゥンス・スコトゥスの「黙従（acquiescence）」、ニーチェの「肯定（Amen）」、ハイデガーの「放下（Gelassenheit）」の政治版をみいだしているように思えます。それは僅かで壊れやすいが確実なものであって、ドラマティックで、よく観察し語り合えば味わい深いものなのです。

赦しも約束も実際には孤独な行為ではないと、アーレントは力説しています。たまたまそういう機会があっても、自分を赦すことも、自分に約束することもできないからです。ところが、赦しや約束の多様な受け止め方があって、挙げ句の果てには自分にしか関係ない赦しや約束というかたちにもなりかねません。その行為がどのように他人に受け入れられるかによって、自分自身にしかかかわらない赦しや約束が決定される場合があります。赦しと約束という能力は「他人の存在と行動に依存する」だけではありません。政治における赦しと約束との相互作用が、プラトン的な支配概念に由来する古典的な道徳的規範とは正反対の原理の基礎そのものなのです。プラトン的概念は自己と自己自身との関係にもとづいていて、正・不正は自己自身への態度によってきまります。したがって公的領域の全体が「個人の拡大版」として考えられるわけです。それに対して、赦しと約束に由来する道徳律は、「自分自身との交わりでは味わうどころではなく、完全に他の人々の存在にもとづく経験がその基礎となっている」[26]のです。

今世紀わたしたちが目撃して痛ましい思いをしたように、人間が狂気に陥ることはありうるとしても、アーレントが――何といっても――信仰したわけではないが少なくとも信頼した〈人類〉が狂気に陥ることはありえない、狂気に陥るようなことがあってはなりません。こういうところがアーレントの思想の長所であり限界でもあるわけです。なぜなら、アーレントが考える〈人類〉は「幅広い考え方」の能力、共通感覚の伝達可能性の能力からなるものである以上、それは〈言語〉と同一とみても間違いではないからです。〈人類〉と〈言語〉が〈存在〉のアーレント版なのです。これこそまさにアーレントが考えているものであり、ショアー以前のドイツのもので何が残っているかと尋ねられて、アーレントは次のように答えます。「ドイツ語です」。「いちばん辛い時期でもそうでしたか」と質問者はしつこく尋ねます。「いつもそうでした。あの辛い時期には、何ができるだろうとよく自問したものです。狂ってしまったのはドイツ語ではありません」[27]。要するに「何がてきるだろう」と自問してみても、人類を結びつける言語が狂うことはありえないという考えはなくならなかったのです。

しかし「行為」を続けるためには、言語は「狂うことはありえない」と考える必要が本当にあるのでしょうか。言語そのものが狂ったのをみながら「行為」は続けられると考えてみましょう。共同体の結びつきそのものも「幅広い考え方」も、そしてドイツ人その他の民族の共通感覚（sensus communis）も、最後には〈人類〉の共通感覚も狂うかもしれず、過去には狂ったことがあり、また狂うかもしれません。では何が、わたしたちに何ができるのでしょうか。

わたしたちに残されるものは、言語やお互いの言葉に対する関心を失うことなく、共同体の結びつきそのものを保護するという義務でしょう。しかし言語や共同体を、わたしたちの「イエス」や「アーメン」によって支えられるような共同体を、間違いなく永遠に固定的で狂いのない同じかたちで再建するためではありません。むしろ一時的でしかないことを忘れずに、〈人物〉が一時的にあらわになることを可能にするためなのです。その前提として、〈人物〉の開示に望みを託すことには、ペシミズムに陥るのではなく、少なくとも次のような事柄を心得ておく必要があります。すなわち〈言語〉・〈人類〉・あらゆる〈主体〉から〈存在〉そのものまで「隠され」、「後退し」、「忘れられ」、「迷う」より以上の状態にあることを心得ておくことです。それはどの〈人物〉にも、存在不可能性・無・危機・病気がつきまとっていることを意味しています。そこから出発すれば、実際極めて壊れやすい共同体に、力の意志の最後の実例である容赦ない意志ではなくて、再生の奇蹟を守る配慮が始まるのです。

アーレントはこういうことにはほど遠かったのですが、非常に近かったとも言えます。「生誕という事実」が「世界を救う奇蹟」となることを思いださせ、アーレントはそれこそ自分にとっては「世界を救う能力の完全な経験」であることを明らかにしています。(28)

生誕という事実についての完全な経験には必ず、次のようなことが「含まれています」。すなわち生まれること、生命を与えること、すべての生誕の唯一独自さを認めること、たえず再生して精神の活動をおこなうということが含まれているわけです。精神が働いているのは、精神が他の複数の人々のなかで新たに再び始まるからであり、またそういう条件でのみ精神は、他のすべての活動を超える生きた思考として働くことができるからです。しかし「完全な経験」の一断片にすぎないとしても、「奇蹟」が起こることもありえます。そこでなされる約束と、そこに示される赦しによって、断片的な経験がまさに奇蹟であるのが明らかになるからです。アーレントはそのことを体験しました。というのもアーレントは明らかに、生きることと思考との一致という至福に達しえた、現代ではまれな人物のひとりだからです。アーレントは、思考の歓びは言いあらわしようがないが「精神の活動をあらわす適切な比喩があるとすれば、それは、生きていると感じる感覚だけである」と書いていなかったでしょうか。(29)

政治的実践は生誕にひとしく新たなるものの出現を保護するものですが、ハンナ・アーレントは政治的実践について幻想をいだいていたわけではありません。アーレントはわたしたちに、つねに赦しと約束を忘れずに、現実について考え現実において生きることを求めています。赦しと約束こそ、まさに最高の政治的実践の基礎にほかならないからです。

原注

第1講

（1） Letter no. 15, 24 March 1930, in *Hannah Arendt/Karl Jaspers Correspondence, 1926-1969,* ed. Lotte Köhler and Hans Saner, trans. from the German by Roberta and Rita Kimber（New York and London: Harcourt Brace Jovanovich, 1992）, p.11.

（2） Springer Verlag, 1929.

（3） ハンナ・アーレントの仕事の研究に捧げられた出版物、コロキウム、ジャーナルの特集号は数多い。その一部を挙げておきたい。*Social Research* 6, 44（1977）; *Esprit*（June 1980）; *Les Etudes phénoménologiques* 2（1985）; *Les Cahiers du Grif*（Fall 1986）; *Les Cahiers de philosophie* 4（1987）; Colloque de l'Institut italien des études philosophiques de Naples, 1987; *Politique et pensée,* Actes du colloque du Collège international de philosophie 1988（Editions Tierce, 1989; Payot-Rivages, 1996）; 'Hannah Arendt et la modernité,' *Annales de l'institut de philosophie de l'Université de Bruxelles*（Vrin, 1992）

（4） Hannah Arendt, *The Origins of Totalitarianism*（New York: Harcourt, Brace and World, 1966）, p.459. 強調はクリステヴァによる。

（5） Hannah Arendt, *The Human Condition*（Chicago: University of Chicago Press, 1958）, p.247.

（6） Hannah Arendt, *Rahel Varnhagen, The Life of a Jewess,* ed. Liliane Weissberg, trans. Richard and Clara Winston（Baltimore: Johns Hopkins University Press, 1997）

（7） Arendt, *The Human Condition,* pp. 96-101.

（8） Karl Marx, *Letter to Kugelmann,* July 1968, quoted in *The Human Condition,* p.321.

（9） Arendt, *The Human Condition,* p.97.

（10） Arendt, *The Life of the Mind*（New York: Harcourt Brace Jovanovich, 1978）参照。

（11） Arendt, *The Human Condition,* p.324.

第2講

（1） とくに Dana R. Villa, *Arendt and Heidegger: The Fate of the Political*（Princeton: Princeton University Press, 1996）参照。そこでは、アーレントが独自の仕方でハイデガーの哲学を政治特有の文脈に組み入れていることを示して、アーレントがハイデガー哲学にいかに負うところがあるかが綿密に明らかにされている。

（2） Aristotle, *Nicomachean Ethics*（1094a 1-5）, in *The Complete Works of Aristotle,* ed. Jonathan Barnes（Princeton: Princeton University Press, 1984）, 2: 1729, and other texts, Cf. Arendt, *The Human Condition,* p.206.

（3） Arendt, *The Human Condition,* p. 198

（4） Ibid.

（5） Ibid., p.186n.

（6） Cf. Aristotle, *Poetics*（1450b.24）,quoted in Arendt, *The Human Condition,* p.205n.

（7） Hannah Arendt, 'The Gap between Past and Future,' Preface to *Between Past and Future: Eight Exercises in Political Thought*（New York: Viking, 1968）, p.6. 強調はクリステヴァによる。

（8） *Arendt, The Human Condition,* p.187.

（9） Aristotle, *Nicomachean Ethics*（1177b.31）, in T*he Complete Works of Aristotle,* ed. Jonathan Barnes, 2:1862.

（10） Arendt, *The Human Condition,* p.56.

（11）Ibid., pp.175-81.

（12）「かれらはまるで子供に聞かせるように、ひとりひとりが勝手な話をわたしたちに話して聞かせるのです」（Plato, *The Sophist* [242c], trans. A.E.Taylor [London: Thomas Nelson and Sons, 1961], p.135）.

（13）Aristotle, *Poetics*（1450a, 15）, in *The Complete Works of Aristotle*, 2:2320.

（14）Arendt, *The Human Condition*, p.188.

（15）Martin Heidegger, 'The Anaximander Fragment,' in *Early Greek Thinking*（New York: Harper and Row, 1975）, p.19.

（16）Aristotle, *Nicomachean Ethics*（1177b,27ff）, in *The Complete Works of Aristotle*, 2:1861.

（17）Ibid., 1141b.8-9, 2:1803.

（18）Ibid., 1142a.27ff, 2:1803. もっともアリストテレスは、問題にしている洞察が「一つの感覚に特有の性質のものではなくて、目前の特定の図形が三角形であることを認知する洞察に類する洞察」だと明言している。

（19）Hannah Arendt, *Lectures on Kant's Political Philosophy*（Chicago: University of Chicago Press, 1982）参照。

（20）「現存在（Dasein）」という唯我論的思想と総長の時期の事件とのハイデガーの政治的関係については、Jacques Taminiaux, *The Thracian Maid and the Professional Thinker: Arendt and Heidegger*, trans.Michael Gendre（Albany: State University of New York Press, 1997）, pp.41-53 を参照されたい。「しかしプラクシスとプロネーシスから切り離されないどころか、そういう観念と合体した役割を、［ハイデガーが］こうした〈存在〉の思索に認めるときには、つまり存在論的に基礎づけようとする自分の努力を死を決意した実存の決然たる運動と一緒くたになった役割を認めるときには、アリストテレスの見解から徹底的に離れ、アリストテレスを完全に（in toto）変形させてしまっていると言っていい。したがって〈存在〉を思索することは、プラクシスの決定的時間を考えるということなのである。その結果、〈存在〉を思索する者が結局、人間的な出来事について正しい判断をくだすということになってしまうのだ」（ibid., pp.44-5）。

(21) Hannah Arendt, 'What is Authority?' in *Between Past and Future: Eight Exercises in Political Thought,* pp.115-20 参照。

(22) Hannah Arendt, 'The Crisis in Culture: Its Social and Its Political Significance,' in *Between Past and Future:Eight Exercises in Political Thought,* p.224. レッシングのことをアーレントが「レッシングの思考は〔自己内対話ではなく〕論争的であった」と書いたのが想い起こされる（'On Humanity in Dark Times: Thought about Lessing,' in *Men in Dark Times* [New York: Harcourt , Brace and World, 1968] p.10）。

(23) Arendt, *The Human Condition,* pp.176-7.

(24) Hannah Arendt, 'The Concept of History: Ancient and Modern,' in *Between Past and Future: Eight Exercises in Political Thought,* p.61.

(25) Martin Heidegger, *Being and Time,* trans. John Macquarrie and Edward Robinson（London: SCM, 1962）, p.242.

(26) Thucydides, *The Peloponnesian War* Ⅱ. 41, ed. T.E.Wick（New York: The Modern Library, 1982）, pp.110-11.

(27) Arendt, *The Human Condition,* pp.197-8.

第3講

(1) Arendt, *The Origins of Totalitarianism,* Part 1, 'Antisemitism,' p.84 の Marcel Proust,'Cities of the Plain,' Part 2, chapter 3, in *Rememberance of Things Past* からの引用。Julia Kristeva, *Le Temps sensible*(Paris: Gallimard, 1994）, pp.190-203 も参照されたい。

(2) Arendt, *The Origins of Totalitarianism,* Part 1, 'Antisemitism,' pp.83-4.

(3) Arendt, *The Life of the Mind.1. Thinking,* pp.203-4.

(4) Hannah Arendt, 'Franz Kafka,' in *La Tradition cachée: le Juif comme paria*（Paris: C. Bourgois, 1987）, pp.96-121.

(5) Ibid., p.97.

（6）Ibid., p.103.
（7）Ibid., p.114.
（8）Hannah Arendt, 'Les Juifs dans le monde d'hier,' in *La Tradition cachée: le Juif comme paria*, pp.77-95.
（9）Hannah Arendt, 'Isak Dinesen: 1885-1903,' in *Men in the Dark Times*, pp.95-109.
（10）Ibid., p97.
（11）Ibid., p.105.
（12）Ibid., pp.101-9.
（13）Hannah Arendt, 'Bertolt Brecht: 1898-1956,' in *Men in Dark Times*, p.231.
（14）アメリカのミルトン・ヒンダス教授とのセリーヌの文通の日付は一九四五年八月になっている。当時アーレントは一九五一年に「反ユダヤ主義」として出版される仕事に取りかかっていた。
（15）Hannah Arendt, *The Origins of Totalitarianism*, Part 1, 'Antisemitism.' セリーヌは一九五一年七月一日にフランスに戻ったことを忘れてはならない。ガリマール社が一九五二年に、パンフレット以外のセリーヌの作品を編集しなおすことになる。
（16）Arendt, *The Origins of Totalitarianism*, Part 3, 'Totalitarianism,' p.335.
（17）Arendt, *The Origins of Totalitarianism*, Part 2, 'Imperialism,' pp.178-9, 208-10, 226.
（18）特に Arendt, *La Tradition cachée: le Juif comme paria*, p.108 を参照されたい。
（19）Hannah Arendt, 'Nathalie Sarraute,' *Merkur: Deutsche Zeitschrift für europäisches Denken* 18（1964）: 785-93.
（20）Arendt, 'Bertolt Brecht: 1898-1956,' in *Men in Dark Times*, p.218.
（21）Arendt, *The Life of the Mind. 1. Thinking*, pp.80-1 参照。
（22）Arendt, *La Tradition cachée; le Juif comme paria*, p.98.

（23）Ibid., p.118.

（24）Ibid., p.120.

（25）Hannah Arendt, 'Philosophie et politique'（1954）, in *Social Research* 57, 1（1990）75.

（26）Arendt, *The Life of the Mind.1. Thinking*, pp.166ff.

（27）Ibid., p.178.（強調はクリステヴァによる）

（28）Philippe Lacoue-Labarthe's theses in *Heidegger, Art and Politics: The Fiction of the Political*（Oxford: Basil Blackwell, 1990）: the total work of art as a culmination of the political 参照。

（29）それを示す代表的な例が、アーレントの唯一の共著が最初の夫ギュンター・シュテルン（アンダース）と共に署名しているリルケの『ドゥイノの悲歌』に関するもの（*Neue Schweizer Rundschau*, 23 [1930]:855-71）である。そこでは神的なものの喪失、恋人の自滅、悲歌の底流をなしている空虚感が強調されている。

（30）Theodor W. Adorno, 'Cultural Criticism and Society,' in *Prisms*, trans. Samuel and Shierry Weber（London:Nevill Spearman, 1967）, p.34. この言葉は、'After Auschwitz,7 in *Negative Dialectics*, trans. E.B.Ashton（New York: The Seabury Press, 1973）, p.362では、「永遠の苦悩には拷問を受ける人が叫ぶのと同等の表現の権利がある。したがって、アウシュヴィッツ以後詩は書けないというのは誤りであったかもしれない」とアドルノ自身によって著しく弱められている。

（31）アーレントはフランクフルト学派のマルクス主義者には敬意をいだかず、特にアドルノは断固として拒絶していた。アドルノがアーレントの最初の夫ギュンター・シュテルンの音楽に関する論文を読んで酷評した人物であり、ヴァルター・ベンヤミンをその名に値しないマルクス主義者と思う敵でなくても怪しげな「友人」であった。Elisabeth Young-Bruehl, *Hannah Arendt: For Love of the World*（New Haven,CT: Yale University Press,1982）,pp.80, 166 参照。〈語ること〉に関する見解をアーレントが明らかに示した『全体主義の起源』と『人間の条件』よりかなり後一九六四年に、アーレントはフランクフルトのある学生新聞に、ナチズムの後では詩は不可能であると宣言したアドルノ自身が、一九三四年にはヒトラーに捧げられた詩集から採った言葉を使った詩を賞賛していたことが暴かれて論争が起こっているのを知った。アドルノはそれを「遺憾」とし、自己防衛のためにハイデガーを告発して、詩は不可能だといったのも、実はハイデガーによる詩の擁護を批判するものだったのだと仄めかしている。そこでアーレントはアドルノと「一九三三年のナチスと連帯しようとしたその試み」に激怒した。「アドルノは（ヴィーゼングルントでなくアドルノという）イタリア系の母の名前を使って窮地を脱しようとしています」（letter no.399 to Karl Jaspers, in *Hannah Arendt/Karl Jaspers Correspondence*, 1926-1969）。後にアーレントはアドルノのことに戻って、ハイデガーはすぐに自分の「愚行（Dummheit）」に気づいて、当時ドイツの大学に広まっていたもの以上の大きな危険をおかしたと言って、ハイデガーを擁護した。しかしながら、無数の知識人とかいわゆる学者についても同じことは言えない。Hannah Arendt, *Vies politiques*（Paris: Gallimard, 1974）, p.319 および Sylvie Courtine-Denamy, *Hannah Arendt*(Paris: Belfond, 1994）, p.83 を参照されたい。

（32）「一九四五−四六年には心の重荷を説明するには散文よりも詩のほうが遙かに適しているようにわたしには思えていました。…アウシュヴィッツ以後はアウシュヴィッツに関するもの以外に詩はありえません」（Primo Levi, interview in *Corriere della serra*, 28 October 1984, quoted by Myriam Anissimov, *Primo Levi: Tragedy of an Optimist*, trans. Steve Cox[London: Aurum Press, 1998], p.369）.

（33）地獄の声あるいは「動物の悲しみ」を訴える声である〈詩〉はアーレントにとっても世界の賞賛であり、悲哀の受容（または否認）である。'*Ohappy grief!*'（'Remembering W.H.Auden,' in *The New Yorker*, 20 January 1975, pp.39ff and 45ff）. これは物語（歴史物語）を特徴づける丹念な活動とは異なるものだが、「英語の永遠の輝きを証明している」ものである（ibid.）。

（34）Alfred Kazin, *New York Jew*（New York: Alfred Knopf, 1978）, p.199.

（35）Arendt, *The Life of the Mind.1, Thinking*, P.137. アーレントによるアリストテレス独特の神概念についての簡単な注釈を付け加えておきたい。その概念はプラトンのものともストア学派のものとも異なっている。つまり基本的直観は、神と人間との計り知れない分離ないし距離についての直観なのである。さらに付け加えるならば、アリストテレスの言う賢者が自己充足的な存在であっても友人がいる。「神は自らに安らう存在であるが、……われわれの場合は幸福にはわれわれを超えたものが含まれている」。

(36) 'Wagen wir das unmittelbare Wort: Das Seyn ist die Erzitterung des Götterns (des Vorklang der Götterentscheidung über ihren Gott)' (Martin Heidegger, *Gesamtausgabe,* vol. 65. p.239; quoted by Rüdiger Safranski, *Heidegger et son temps* [Paris: Grasset, 1996], p.326).

(37) Arendt, *The Life of the Mind.1. Thinking,* p.86.

(38) Arendt, *The Human Condition,* p.211.

(39) Ibid.

(40) Friedrich Nietzsche, *The Will to Power* (London: Weidenfeld and Nicolson, 1967), pp. 3-12 (1884 and 1885), p.6 (1886).

第4講

(1) Jean-François Lyotard, 'Le Survivant,' in *Ontologie et politique: actes du colloque Hannah Arendt,* ed Michel Abensour et al. (Paris: Editions Tierce, 1989), p.275. 'Sensus communis,' *Le Cahier du Collège international du philosophie* 3 (1987): 67-87 も参照されたい。

(2) Arendt, *The Human Condition,* p.179.

(3) Ibid., p.179.

(4) Taminiaux, *The Thracian Maid and the Professional Thinker: Arendt and Heidegger,* pp.64, 68-9, 76.

（5） Arendt, *The Human Condition*, p179-80.
（6） Ibid., p.211.
（7） Ibid., pp.193-4.
（8） Dante, *De monarchia*, 1.13, in Arendt, *The Human Condition*, p.175.
（9） Arendt, *The Life of the Mind. 2. Willing*, p.120.
（10） John Scotus, quoted by Arendt in *The Life of the Mind. 2. Willing*, p.144.
（11） Arendt, *The Life of the Mind. 1. Thinking*, p.74.
（12） Young-Bruehl, *Hannah Arendt: For Love of the World*. p.233.
（13） Arendt, *The Life of the Mind. 1. Thinking*, pp.98ff.
（14） Ibid., p.23, 33.
（15） Arendt, *The Human Condition*, p. 112.
（16） Ibid.
（17） Arendt,*The Life of the Mind. 1. Thinking*, p.33-4.
（18） Ibid.,p.35.
（19） Ibid.
（20） 「戦争の主要原因はわれわれの場合には、人類の秘められた死の願望でもなければ抑えがたい攻撃本能でもない……」（*On Violence* [New York: Harcourt Brace and World, 1970], p. 5）。
（21） Hannah Arendt, 'What Is Authority?' in *Between Past and Future*, pp.112.
（22） Hannah Arendt, 'Judging,' in *The Life of the Mind. 2. Willing*, pp.256-64.
（23） *The Jew as Pariah: Jewish Identity and Politics in the Modern Age*（New York: Grove Press,1978）, p.246 のアーレントによる G.

Scholem への回答を参照されたい。

（24）Arendt, *The Life of the Mind.1. Thinking*, p.191.

（25）Ibid.

（26）Arendt, *The Human Condition*, p.8 and note 1.

（27）Linda M. G. Zerilli, 'The Arendtian Body,' in *Feminist Interpretations of Hannah Arendt, ed.Bonnie Honig*（University Park, PA:Pennsylvania State University Press, 1995）, pp.167-93 を参照。

（28）Ibid., pp.167-93.

（29）*Les Cahiers du Grif* 7（1975）: 22-7; and *Anthologies des 'Cahiers du Grif' : le langage des femmes*（Brussels: Editions Complexe, 1992）.

第5講

（1）たとえばヴォルテールは「趣味」の能力の形成にとって社会とそのまとまりが重要であることを主張している（「社会が存在しないときには、精神は縮こまって鈍くなり、趣味を創造する手段がもはやなくなってしまう」）。さらに、趣味を備えているのはヨーロッパの民族だけであって、その他の民族は社会を十分に「完成させて」いないとまで言っている（the article on 'taste' in *Encyclopédie* 参照）。モンテスキューはもっと微妙な言い方だが、趣味よりも快感を優先させ、しかも快感には魂と身体が含まれるとしている。「趣味の対象となるのは魂のさまざまな快感なのであって、……趣味は事物が人間に与えうる快感の基準（強調は引用者）を素早くみごとにみいだす能力にほかならない」。モンテスキューは自然な快感や趣味を獲得された快感や趣味と区別している。快感は本質的に身体に依存し、すなわちわれわれの「機械」の特定の「器官」に依存し、「同じ器官でも異なるコンテキスト」に依存するものであって、「われわれの知識や理解を絶した規則を素早く完璧に適用することによる」。もっと微妙な言い方だが、魂は観念や感情を介して快感を受け取るのだが、その際に特殊な機能であるその自律性を失うことはない、なぜなら「魂が感じないほど……深く知的であるものはないからである」と言っている（Cf. Montesquieu, *Essai sur le goût* [Genova: Droz, 1967], pp.61-2, 64-6）。

（2）Arendt, *Lectures on Kant's Political Philosophy*, p.11.

（3）Jürgen Habermas, 'Hannah Arendt's Communications Concept of Power,' *Social Research* 44（1977）, quoted by Ronald Beiner, 'Hannah Arendt on Judging,' in Arendt, *Lectures on Kant's Political Philosophy*, p.137.）

（4）Myriam Revault d'Allones, 'Le courage de juger', in Hannah Arendt, *Juger*, trans. M. Revault d'Allones（Paris: Seuil, 1991）, pp.218-19. この論文では、「『純粋理性批判』の問題、すなわち存在論の可能性の問題は、厳密な意味での大地を逆に深淵と化すことをわれわれに強いる」というハイデガーの解釈（Ernst Cassirer et Martin Heidegger, *Débat sur le kantisme et la philosophie* [Paris: Beauchesne, 1972], p.43）とハンナ・アーレントによる『判断力批判』の再解釈とを比較して、アーレントによる再解釈が、プラトン以来の政治哲学は「政治からの決定的逃避」であるだけに、そういう政治哲学を根底から転倒させようとする「政治的見解」であることにも触れられている。*Ontologie et politique: actes du colloque Hannah Arendt*, ed. Michel Abensour et al. とくに Christine Buci-Glucksmann, 'La troisième critique d'Arendt', pp.209-25 も参照されたい。

（5）「……判断は演繹によっても帰納によっても達成されない。……〈趣味〉として考えられ、そのため美学の領域に属するといつも考えられてきた〈黙した感覚〉を探すことになる」（Arendt, *The Life of the Mind. 1. Thinking*, p.215）。

（6）Friedrich Nietzsche, *Unmodern Observations*, ed. William Arrowsmith（New Haven: Yale University Press, 1990）, p.88.

（7）Friedrich Nietzsche, *The Birth of Tragedy and the Genealogy of Morals*, trans. Francis Golffing（Garden City, NY: Doubleday

Anchor Books, 1956), pp.194-6.「カントにおいても、その定言命令には残酷な気味がある」。

(8) Nietzsche, *Unmodern Observations,* p.90.

(9) Arendt, *The Human Condition,* p.241.

(10) Ibid.

(11) Ibid, p.240.

(12) Arendt, 'Bertolt Brecht: 1898-1956,' in *Men in Dark Times,* p.248.

(13) Arendt, *The Human Condition,* p.241.

(14) Ibid.

(15) Arendt, 'Bertolt Brecht: 1898-1956,' in *Men in Dark Times,* p.249.

(16) Arendt, *The Human Condition,* p.242.

(17) Ibid, p.243.

(18) Matt. 6: 14.

(19) Luke 17:4

(20) Julia Kristeva, 'Dostoievsky, the Writing of Suffering, and Forgiveness,' in *Black Sun, Depression and Melancholia,* trans. Leon S. Roudiez (New York: Columbia University Press, 1989), pp.214ff.

(21) Arendt, *The Human Condition,* p.243.

(22) Ibid., p.245.

(23) Ibid., p.247.

(24) Ibid., p.242.

(25) Hannah Arendt, 'Seule demeure la lange maternelle,' in *La Tradtion cachée: le Juif comme paria,* p.225.

（26） Arendt, *The Human Condition*, p.238.

（27） Arendt, 'Seule demeure la langue maternelle,' in *La Tradtion cachée: le Juif comme paria*, p. 240.

（28） Arendt, *The Human Condition*, p.247.

（29） Arendt, *The Life of the Mind. 1. Thinking*, p.123.

解題

青木隆嘉

0 光と闇

映画『ハンナ・アーレント』がドイツ、フランス、アメリカで大ヒットして数々の賞を受賞し、日本でも絶賛され上映館は連日満席だったそうで、素直に感動した方々も多かったようです。アーレントは、アイヒマンを「人道に反する罪」を犯したとして告発しましたが、アイヒマンには悪しき意図や残忍な動機は認められず、善悪を判断するだけの思慮分別を欠いている浅薄な男としか見えなかったために、彼が犯した悪を「凡庸な悪」と呼びました。その種の悪が社会に蔓延し、誰でも犯しかねないから「凡庸」というのではないことをアーレントは強調しました。ヒトラー暗殺を企てた人々もナチズムに抵抗した人々も沢山いましたし、ユダヤ人虐殺に従事したのはアイヒマンのような人間だけでなくサディストや変質者がいくらでもいました。アーレントが着目したのは、カントの『実践理性批判』を読み定言命令を遵奉するアイヒマンであり、彼に認められた「人間最高の特質」である「思慮」の欠如（＝無分別 thoughtlessness）こそ政治を破壊する「全体主義」の根だと考えました。そういうアーレントの主張を聞くと、かつて『善の研究』を読み「愛と認識の出発」を経験したはずの人々がいた時代の日本での教養とか思索の実質はどういうものだったのでしょう。気になりませんか。ましてや『実践理性批判』など手にしたこともない連中、マラルメの言葉を借りれば「一握りの馬鹿共」によって政治が破壊される状況にあって、それを批判すべきジャーナリズムは黙従している惨状だからこそ、こういう映画がヒットするわけでしょうから、問題はそういう社会状況そのものではないでしょうか、そして自分はどうしたらいいか、自分には何ができるかということではないでしょうか。

この映画は、そういう切実な問題を考えることを促しているように思われます。アイヒマンが逮捕されたあと、彼が取り落とした懐中電灯が暗い道を照らしている映画冒頭の妙に長いカットがそれを示唆しているようです。「光の形而上学」であるヨーロッパ哲学では人間の理性は「自然の光」と呼ばれましたが、懐中電灯の光も（アイヒマンには欠けているとアーレントが指摘した）思慮分別（thought）を示していると考えられるからです。それでは、乏しい光を放つ懐中電灯の背後に広がっている漆黒の闇は何を表しているのでしょうか。

マルガレーテ・フォン・トロッタ監督は、一九八五年には『ローザ・ルクセンブルク』を制作し、二〇〇三年の『ローゼン・シュトラーセ』では反ナチ・レジスタンスを一週間続けた女性群像を描きました。今回はアーレント役に、ルクセンブルクを演じたバーバラ・スコヴァをアーレント役にあて、二〇〇五年の『白バラの祈り』でゾフィー・ショルを好演したユリア・イェンチをアーレントの助手ロッテ・ケーラー役に起用しています。そういう経緯を考えると、監督の意図は傑出した人物を描くことよりも、むしろそういう人々が活動する「暗い時代」を描き出すことだったのは明らかではないでしょうか。映画スタッフの合同インタビューでも「全体主義への怒り」が語られ、現代社会における「自由な討議の欠如」が指摘され、「公共空間」を求める声が聞かれました。その現実だけは伝えたいというのがスコヴァの気持ちでしたし、フォン・トロッタ監督は「全体主義に対する闘い（fight against totalitarianism）」を訴えました。

アーレントがアイヒマンについて指摘した良心の機能停止状態は、広島への原爆投下のゴーサインを出した気象観測機の機長エザリーが苦しんだ「良心立入禁止」の世界と同じで、そこでは「考えることができない（unable to think）」アイヒマンのような人間が現れるわけです。ベッティーナ・シュタングネトの『エルサレム以前のアイヒマン』には、ヴィレム・ザッセンによるアルゼンチンでのアイヒマンとの会見録をはじめとする膨大な資料にもとづいて、組織の単なる「歯車」でもなければ上司に盲従するだけの役人でもない、ナチズムに傾倒した紛れもない反ユダヤ主義者であるアイヒマンが描き出されています。アーレントは、人種闘争を歴史の必然と信じた殺戮者アイヒマンの巧妙な詐術を見抜けなかったのでしょうか。アーレントがアイヒマンを「凡庸（banal）」とか「無分別（thoughtless）」と言ったのはどういう意味だったのでしょうか。このことを明らかにするためには、少し遠回りしなければなりません。

1　世界と言葉の崩壊

映画で主演女優賞に輝いたスコヴァがデーブリーン原作の映画『ベルリン・アレクサンダー広場』ではミーツェ役の演技で新人女優賞を獲得していたのは奇縁のように感じられます。というのは、デーブリーンの作品に深い衝撃を受けたギュンター・アンダース（本名・シュテルン）がアーレントの最初の夫君だからです。ふたりの間に思想的に深く響き合うものがあることは、ヤング＝ブリュールが早くから指摘していたことですが、ほとんどの論者は無視しています。もっとも、両者の間の相互影響を強調する研究者がいないわけではないのですが、両者の違いを立ち入って論じようとしないのは奇妙です。アーレントの思考は、アンダースとの差異を際立たせれば、もっと鮮やかに見えてくるはずだと思われるからです。

福島の原発事故をきっかけに数人の研究者が来日してアンダースに触れましたので、アンダースの名前だけはいくらか知られたようですが、何しろジャン＝ピエール・デュピュイでさえアンダースを読んだのはごく最近のことだと告白したほどで、日本ではあまり論じられることも、ましてアーレントとの交流が問題にされることもほとんどなかったので、簡単に紹介しておきます。

結婚当時のアンダースとアーレント

アンダースは広島への原爆投下のニュースに驚倒し、人類がもはや引き返しようのない新しい時代に突入したことを明確に認識しました。ヨーロッパでは八〇年代に、アンダースの主著『時代おくれの人間』はハイデガーの『存在と時間』にまさるベストセラーとなりました。アンダースはヨーロッパにおける原水爆禁止運動のオピニオン・リーダーとして活躍し、チェルノブイリ原発の爆発事故についても「チェルノブイリに関する十の提言」を発表し、「緊急事態における正当防衛」を説きました。アンダースの構えを知っておいて頂くために、彼のファシズム批判の小説『モルーシアの墓場』の序文から引用しておきます。なお『モルーシアの墓場』は、二〇一二年にフランスの実験映画作家ニコラス・レイによって映画化され、デトロイト映画祭では三位に入賞し、ドイツやアメリカでも好評を博しました。

今日ほど精神が嘲笑され、組織的に愚鈍化が進められ、偶像化が強いられた時代はない。理性のために虚偽と断固闘うことこそ最も緊急の課題である。……今日では本書はまさに嘘八百の犠牲になっているすべての人々のための書だ。知識人は取り返さねばならないが、本書は知識人だけのための書ではない。各地に離散して真理のため命をかけている亡命者たちのためだけのものでもない。何よりも嘘八百を信じ込んでいる大多数の人々、知らぬまに虚偽の共犯者にされている人々のためのものだ。

アンダースを理解するためには、（ヒトラーが首相に就任した）一九三三年にパリへ逃亡する以前の彼の仕事を知っておく必要があります。

アンダースはフッサールのもとで一九二四年に学位論文「論理命題における状況のカテゴリーの役割」を書きましたが、そこでは「世界」という地平の構成を「純粋感覚」に遡って解明しようとする師の手法を批判して、文化的・社会的に規定されている多様な感覚こそ重視すべきだとして、人々の前でなされる約束や誓いのような言語行為（オースティンの言う「行為遂行的発言」）が展開される状況から考えるべきだと主張しました。その後パリに赴きルーヴル美術館の解説員となりましたが、翌年マールブルに戻りました。アンダースが衝撃を受けたのはハイデガーの思索ではなく、ミュンヘン一揆の首謀者として逮捕されたヒトラーが獄中で書いた『わが闘争』でした。アンダースはユダヤ人に迫る苦難を読み取って、友人たちに警告しました。アンダースの「天才の風格」に驚嘆したハンス・ヨーナスが親友アーレントにアンダースを紹介しましたが、ハイデガーの「思索の魔力」の虜となっていたアーレントはアンダースにはほとんど関心を寄せなかったようです。ハイデガーが『存在と時間』を発表した翌年、アンダースは学位論文を手直しして第七章に収めた論文集『所有について——認識存在論のための七章』を出版しました。

一九二九年大恐慌に襲われ失業者が溢れるさなか、アンダースはデーブリーンの『ベルリン・アレクサンダー広場』を「むさぼり読んで」、世界が多くの人々にはリアリティを失っている非現実的な現実と、そこで語られる言葉も当然壊れている信じがたい状況が活写されていることに大変な衝撃を受けます。アンダースが受けた衝撃は、津波による漂着物が残る南相馬の海岸の現実離れした光景を見て徐京植が受けた衝撃と同じものだったでしょう。徐京植は原民喜が『夏の花』で想像を絶する非現実的な現実を伝える異様な文体を想起して、信じがたい現実を語る言葉が、崩れ果てた言葉にならざるをえないことを語りました。アンダースはデーブリーンに感じた感覚が「哲学的考察の出発点」となったと書いています。

ダンスが好きだったアーレントは、ベルリンでマルキストたちが開いた仮面舞踏会でアンダースに再会しました。そのとき彼女は、アンダースを酷評したハイデガーの手紙を思い出したかもしれません。アンダースはヤスパースからは「哲学者は踊るものではない」と忠告され、ハイデガーからは「実践への逃亡」だと冷笑されましたが、アーレントはアンダースの言葉に衝撃を受け大いに共鳴するところがあって、三ヶ月後に結婚しました。美術や音楽に無関心だったアーレントが、美術に精通しヴァイオリンの名手で音楽美学に関心をもつアンダースに惹かれたのは無理からぬことだったでしょう。後年アーレントがハイデガーの妻エルフリーデへの手紙に「愛情はないまま（ohne zu lieben）」結婚したと記した心情は微妙だったでしょうが、ふたりの結婚が四年後にシオニズムについての見解の相違もあって破綻したことも考えると、アーレントがアンダースと結婚した主な動機が思想上の共鳴であったのは確かだろうと思います。

アンダースにとって人間は、ハイデガーの「すでに世界の内に存在しているもの」ではなく「世界に登場したものの世界とは疎遠である存在」なのです。それをアンダースは「世界疎外（Weltfremdheit）」と言い表しました。アンダースのこういう人間の捉え方は、彼が五歳のとき生まれ故郷に連れて行かれて、母クララから「貴方はここで生まれたのよ（HIer bist du in die Welt gekommen）」と教えられたとき、すでに出来上がっている見も知らぬ場所に自分が登場したことに「存在論的な衝撃」を受けたこと、そして十五歳のときにはフランスでの軍事訓練のとき、ただひとりのユダヤ人として後の強制収容所と同じような虐待を受けたこととけっして無関係ではないでしょう。

結婚した年アンダースは「カント協会」で、アドルノ、ホルクハイマー、マンハイム、ティリッヒ、アーレントなどを前にして、「自由と経験」と題して講演しました。後に「人間の世界疎外」と改題されたこの講演の前半は、一九三四年にエマニュエル・レヴィナスの訳で「アポステリオリなものについての一解釈」として、後半は増補されて一九三六年に「自由の病理学」という表題で発表され、レヴィナスの「逃走について」やドゥルーズの『意味の論理学』にはこの論文への強い関心が認められますが、サルトルはアンダースから学んだ自由概念を自分の哲学の出発点としました。ガブリエル・マルセルは『所有について』から示唆を受けて、アンダースに「カフカ論」を講演する機会を提供しました。しかしもっとも大きな影響を受けたのがアーレントだったことは言うまでもありません。それぞれの著書では互いに言及を控えていますが、ふたりには協同の哲学（Symphilosophieren）と言えるほどの思想上の交流がありました。その実態は、一九三〇年初夏、やっと落ち着いたポツダム郊外のドレーヴィッツで、バルコニーでサクランボを食べながらアーレントとおこなった対話を、アンダースが当時のメモを元に再構成した『桜桃合戦―ハンナ・アーレントとの対話』にうかがうことができます。

人間を世界からの疎外において捉えるアンダースの意識は、人間を「世界内存在」として捉え、その「内存在＝関心」の向きを自己へ、しかも死を「究極的な可能性」に繰り込んで死への「先駆的決意性」をバネとして「本来的実存」となることを説いたハイデガーとは逆向きです。「被投性」の事実から出発しながら、日常性を「頽落」とおとしめ、コミュニケーションの意味に目もくれないハイデガーと全く反対の思考がそこには認められます。

すなわちアンダースによると、人間が親から生まれ、自分の死を確認することもできないことは、生誕の事実そのものが人間が生きることは複数の人々の間で生きることにほかならないことを示しています。しかも別な場所でなくここに、別な時代でなく現代に生まれ出て、ほかならぬ自分として生きている無根拠で偶然な在り方が人間の根本的な在り方なのです。動物のように本能によって固定された枠内で世界に根ざした生を送るのでなく、ニーチェが言ったように「不確定」であること、したがって世界から隔たっているのが人間の「自由」であり、絶えず「別の仕方で」生きることが、つまり「歴史的変化」だけが人間の「本質」だと考えられています。

アンダースにとっては、人間はけっして世界の中心ではありません。「哲学的人間学」は、多種多様な動物を一括した「動物」との対比において人間を考える、人間中心主義的な「誇大妄想」であり、「宇宙的な不遜」に陥っているとしか考えられません。近代的観念論はコペルニクス以前にとどまっていて、「世界はわれわれのために創られた」という観念を救おうとする試みを表していると考えられ、従来のあらゆる哲学の根底にその種の断定、「幼稚な誤り」が暗黙のうちに潜んでおり、ハイデガーが人間を「存在の牧人」として捉えるのも同様な同じ誤りだ、とアンダースは断じています。存在は偶然ではないというのは神学的な前提にすぎない。創造の際に人間だけに特定の役割を与えた摂理を司る神を想定する場合しか妥当しないからです。人間を単数の人間としてしか取り上げない「単数人間主義（Monanthropismus）」に囚われ、絶対的根源から世界全体を説明する「体系」というモデルが保持されてきたのは、「世界」が調和的な有限な世界としてでなく、計画的に創造された世界として理解されたからです。哲学も「体系的」であり続けたのは、哲学者たちが神学から引き継いで神の計画を「模倣して考えた」からでした。神学的概念が崩壊してもなお世界は、人間によって構築され、人間によって操作されるシステムとして考えられ続け、その結果、世界は巨大な機械装置となったのです。なお、アンダースは一九四八年にニューヨークで発表した「ハイデガー哲学の似而非具体性について」でハイデガーに対して、哲学者としては最初の哲学的批判を展開しました。かつてアンダースの音楽美学論を酷評したアドルノは、『否定弁証法』のなかでアンダースのハイデガー批判を絶賛しています。

ところで、アンダースの指摘に驚き、哲学と政治との関係の重大さに気づいたアーレントは、世界疎外、生誕、偶然性、複数性といった概念を彼から受け継ぎながらも、アンダースが存在論的な意味で考えた「世界疎外」をworld alienationという言葉で社会的・政治的な問題として論じ、生誕は「始まり」、偶然性は「自由」、複数性は「政治」というように、独特の仕方で読み替えていきます。アーレントにとっては、人間が生きるとは人々の間にとどまることを意味します。自然においては人間は生物として存在するが「現れる」ことはない。人間が言動において、個人としての一回性において現れるのは、他の人間にとってである。全く同一の見解しかないときリアリティを保証するものは存在しない。人間が世界に住まい、人々と語ることがなければ、世界は無関係な事物の集積にすぎない。

世界に場を占め、世界の存在として生きること、これこそアーレントの主題なのです。アーレントの関心は一貫して、思考と行動の「始まり」に向けられています。彼女の哲学的、政治的分析を支配しているのは、まさに「生誕」のテーマなのです。

人間も単なる自然の存在としては生命の無限な循環のなかにあって、意味や価値とは縁のないところで生きています。だから人間的な意味に満ちた世界を打ち建てるためには、自然の循環過程を断ち切って新たに始める「過剰な力」がはたらかなければなりません。歴史は目的を実現する過程だと考えているかぎり、個人も民族も目的―手段の連鎖である歴史過程のなかの断片でしかなく、人間の生に意味が見いだされようはありません。人間の生に意味が見いだされるためには、目的―手段の連鎖を超え、それ自身が目的である活動がなければなりません。このことをニーチェは端的に「〈目的〉は行為を殺す」とも言いましたが、人間の生が歴史過程の断片ではなく、それ自身において全体的な生でありうるのは、人間が特定の目的に従属していない場合だけです。すなわち法や規範の普遍的な形式や秩序が人間的な世界を打ち建てるのではないのです。瞬間を無動機的にし生を目的から解放する点でニーチェの「同一者の永遠回帰」はニヒリズムの極限にちがいありませんが、「いかなる目的も持たないこと」、そして、目的のない「永遠回帰」が同時に、全体的人間の劇的な在り方を実現し、生の各瞬間が無動機的になっている人間の生誕を可能にするとニーチェは考えました。バタイユは「全体的人間」を「その生が〈無動機的な〉祝祭であることを……ニーチェはけっして見失うことがなかった。彼は原因（＝動機）が翼を断ち切ることを知っていたのだ」と言っています。超越的な意味が消え失せたとき、人間は「動機」からも「目的」からも完全に解放されたのです。

アーレントも、自由が政治の本質であり、行為は始める能力にもとづいており、言葉は複数性を前提としていると考えるのですが、彼女によると、行為の根拠は生誕という条件のうちにあるとされます。そして、行為や言葉が他者によって見られ、聞かれ、記憶されるときに、政治的活動者は自由の伝記を始めるのであり、それは結果的に歴史の年代記の一部となるというわけです。アーレントは、政治的活動者は地上で不滅に達し、死すべき者が歴史的な不滅を獲得する能力こそ、単なる存在から人間を区別するものだと考えているのです。

アーレントが考えていることを理解するためには、古代ギリシャのポリスのことを考えるのが早道です。ギリシャ人は、法則に縛られることもなければ何らかの目的をめざすこともなく、それ自身において完結するような行為を「プラクシス（実践）」と呼び、実践によって生み出され、そこで実践が展開される特殊な空間を「ポリス」と呼びました。ポリスは、すべての人が自分を際立たせ、行為と言葉によって自己独自の存在を他人の前に現す機会を与え、また行為をその不確実性から救済する機会を与えます。したがってポリスは、個体を自然的な生命の虚しさから救って、人間の相対的な不滅を維持する空間でした。「ポリスの動物」と定義される人間の在り方は自然的な結びつきを超えています。アリストテレスにとってポリスが「残りのものをすべて包括している至高の共同体」であるのは、ポリスが「共に生きるためではなく、立派な行為のためにある」からでした。したがってポリスが自然的な生を超えて人間の生存に意味を与える空間である以上、ポリスを構成する生きた行為と語られる言葉からなる政治的実践が、「われわれ自身の内にあるもののうちで最高のもの」と考えられました。

アーレントは一九五八年、ハンブルクでのレッシング賞受賞記念講演で次のように述べています。

世界は人々の間にあります。この「の間にある」ということが、地球上のほとんどあらゆる国において最も明らかな変動を蒙っています。公的領域が本来その属性であった照度を失っています。西欧諸国の多くの人々が、古代世界の没落以来、ますます政治からの自由を基本的自由の一つとみなすようになっており、この自由を行使して世界及び世界内部での義務から退却してきました。……こうした退却のいずれによっても、世界にとってほとんど実証可能な世界喪失が起こります。失われるものは、こうした個人とその仲間との間に形成されたはずの、独特の価値を持った、ほかのもので取り替えようのない間としての空間なのです。

すなわちポリスにおいてのみ、人間として生きること、世界に登場しいずれはそこから立ち去る人間が、他者との交流のうちに、それ以外では体験しようのない「すばらしさ」に出会うことが可能になるのです。その「すばらしさ」は、確かに永遠にとどまるものではなく、むしろ現れるとともに消え失せる運命にありますが、それに触れた者の記憶のうちに生き続けることができました。プラクシスにおいて立ち現れる世界が宇宙の中で「不滅」であることを願い、それを確保し、維持するための活動を、ギリシャ人は「政治（タ・ポリティカ）」と呼びました。アーレントが理解しようとしたものは、「世界」を打ち建てるこのような活動であり、彼女は「生（life）」という概念こそそういう活動を表すのにもっとも適切な概念だと考えています。

プラクシスは既存の動機に支配されず既定の目的にも縛られないのですから、常に「新たな始まり」なのです。プラクシスからは常に新たな出来事が生みだされます。世界を確保する活動は、出来事の進路を変える能力と、言葉と行為によって事物に介入する能力に支えられています。

そこには、個人の生と死を超え持続する共通な世界がなければなりません。孤立した人間がばらばらに生きているのではなく、個々に異なる意識を持つ人間が複数で生きていながら、しかもお互いの違いを超えて経験を共にすることがなければ共通世界は成立しません。しかし支配暴力が合意による正当化をへて法と制度を作り上げるところでは、社会を合理的に管理し操作する技術的な活動が政治の実質とならざるをえません。そこでは、未来として見えるものは、科学的認識によって操作対象となった透明な世界でしかなく、そこには、新しいものの出現に出会って生まれる笑いが決定的に欠けています。笑って過去を忘れえたときにこそ、ポリスの市民は軽快な知略も駆使できました。そのような笑いの中に生まれる喜劇的な活動を、プラトンはポリスを崩壊に導くと怖れましたが、それは、プラクシスにひそむ謎めいたものへの不安と恐怖からだったのです。

それに対してアーレントにとっては、自由が政治の本質であり、実践は始める能力にもとづいており、言葉は複数性を前提としています。政治的実践はこういう経験の相互作用に依存していると考えられるのですが、そういう経験を可能にするものこそ「生誕」なのであり、実践の根拠は「生誕」という条件のうちにあります。アーレントが次のように書いているのはそのためです。

生誕に固有の新しい始まりが世界で感じられるのは、新来者が新しい事柄を始める能力である実践する能力を持っているからにほかならない。この開始という意味では、実践の一つの要素である生誕という要素はあらゆる人間の営みのうちに含まれている。さらに、実践はすぐれて政治的な営みである以上、死すべき運命ではなくて、生誕こそが政治的思考の中心的カテゴリーであって、これが形而上学的思考との違いなのである。

行為と言葉によって、自己独自の存在を、つまり自分がどういう「人物」であるかが他人の前にあらわになります。しかし行為は基本的に、結果の予測はつかないし、多くの場合、結果は意図を裏ぎります。この行為と言葉というもっとも不確実な活動が不滅なものとなりうる場を、アーレントは、ポリスをモデルにして考え、それを「世界（world）」と呼びました。

アーレントはまるでモーリス・ブランショの言葉を引くように書いています。それはニーチェの『ツァラトゥストラ』の「瞬間」と深く結びついて言われる「至るところにあり、どこにもない」という言葉です。それは思考が超越の高みに関わることではなく、また世界から内面性へ撤収することでもありません。ニーチェはその言葉で「生の彼方」に関わる過剰な思考を指し示しています。アーレントはそういう「生の彼方」に踏み込んだ思考のみが可能にする政治的実践が、人間が与えうる意味を世界に与え、逆に言えば、世界に意味を与える活動のみが、人間にとっての輝かしい活動＝生であることを示そうとするのです。クリステヴァが二〇〇六年ブレーメンでの「政治思想のためのハンナ・アーレント賞」の受賞記念講演で、アーレントの「生を超える生（sur-vival）」という考え方を讃え、「人間的生の過剰（superfluity）」を語ったのもこのためにほかなりませんでした。こういうことを考え合わせればもうおわかりでしょう。クリステヴァが講義の冒頭で言った「アーレントには、自分がどういう〈人物〉であるかがあらわになるのが初めからわかっているのです」という言葉は、アーレントがニヒリズムを超える思想の端緒をつかんだことを伝えるものだったのです。

2　声―証言と物語

また映画の話になりますが、冒頭のアーレントとマッカーシーとの会話の場面で、花瓶に挿されているバラの花束が繰り返し現れます。それはルクセンブルクの赤いバラ（革命）でもゾフィー・ショルの白バラ（抵抗）でもなくて、ピンクのバラです。これは、時代状況に対するアーレントの対峙の仕方を、つまり「思考」による彼女独自の闘争を示唆しているような気がします。

もっとも「思考」とか「考えること」というだけで、その意味していることが理解できるとは思えません。そこで、原書では第一章は Life is a story と題されているのを本書ではことさら「〈生きること〉と〈語ること〉」と訳した理由を説明することから始めましょう。

この表題はフランス語ではLa vie est un récitとなっています。storyもrécitも「物語」に違いないのですが、フランス語のrécitはréciterという動詞からできており、これは「(暗記していることを)高い声で語る」=「朗唱する」という意味です。本書ではnarrativeを一貫して「物語」と訳していますが、これもむしろ「物語行為」、つまりfactとしての物語ではなくactとしての「語ること(narration, narating)」として理解したほうがわかりやすいと思われます。原書にはLIFE IS A NARRATIVEという副題が掲げられているのですが、このnarrativeはnarrato(「知らせる、証言する」)というラテン語の動詞に由来する言葉です。では、「生きること」が、現実の出来事について「語ること=証言」とどういう関係になっているのか、それが切り離しようのないものだとすれば、それはどういう事情によることなのでしょうか。

功利主義もカントも神学的発想もすべて「創造=製作」という発想に立っています。それに対してアーレントの考える個人の活動は、自然的生命の循環を断ち切るものとして捉えられており、個人が自然環境から切り離されて、人工的な世界に入って初めて可能になるものです。このことは人間の非自然性を示していますが、その非自然性が人間個人の特徴であり条件です。アーレントは「生誕と死が前提としているのは、無常な運動を続けるだけの世界ではなく、その持続、その相対的な永続が出現と退去を可能とする世界であって、その世界は個人が登場する前から存在し、個人が姿を消したのちも存続する世界なのである」と書いています。

実践ははかなく消え失せるものであるだけに、人々の記憶にとどめるためには「死んだ文字」によって作品化され、物のかたちで残すほかはありません。文学で「作品」といえばまず物語ですが、一般的にいえば「声」だともいえるでしょう。アーレントにとっては、製作による産物の持続性こそ、変化が認識され、時間そのものが意識される根拠なのです。製作活動によって持続性が与えられなければ、実践は瞬時に消え失せ、リアリティを失ってしまいます。製作活動は自然的循環から労働を救うとともに、実践を保存することによって実践を救うのです。その場合、実践は製作活動によって作品化され事物の世界に属するものとなりますが、最終的には消え失せていきます。

思考は物化し物質化しない限り触れることはできない。その代償となるのは生命そのものである。「生きた精神」が生き続けるには「死んだ文字」を要するからである。「生きた精神」が死から救われうるのは、死んだ文字がその精神を復活させようとする生命に再び触れるときだけである。もっともその場合、死者の復活は、あらゆる生き物が再び死ぬのと同じように死ぬことを免れるものではない。

「死者の復活」というメシア的希望や黙示録的イメージを語りながらも、アーレントは実践も死ぬ運命を指摘することを忘れません。それは、円環であれ終焉であれ、歴史の自動過程を楽観的にも悲観的にも法則に従うかのように捉える見方において、実践は破滅するほかはないからです。

『コヘレトの言葉』には「なんというむなしさ。なんというむなしさ。すべては空しい。……日の下には新しいものは何一つない。……むかしのことに心を留めるものはない。これから先にあることも、その後の世にはだれも心に留めはしない」と言われている。これは必ずしも、特別に宗教的な経験から生まれるものではなくて、人間の出現に適切な、行為と言葉における人間の出現に適した場所である世界への信頼が失われる場合、いつでもけっして避けられないものである。

永劫回帰に結びついた無時間性というコヘレトの陰鬱なイメージで表される完全な荒廃から、世界を救うとアーレントが考えているのは、実践の可能性だけです。もっとも、空しさから救うものが実践だとしても、その救済は脆弱さからの超越を本質とするものではありません。それは特定のアイデアを作品化することとは違います。世界が現実に存在するものとなるのは、言葉と行為によってだからです。

思考も実践も非世界的であるというこの主張には、メシアニズムが認められます。実践がもたらす救済は非世界的であるため、アーレントはそれを「奇蹟的なもの（miraculous）」と呼んでいます。その際、「始める」活動である実践は、カントの自由概念と共通した形で考えられています。アーレントは、ギリシャ語の「始まり（アルケー）」について重要なことを指摘しています。

プラトン自身においては、……人間にかかわるすべてにおける専制支配の正統性は、まだ「アルケイン」という言葉の多義的な意味に確実にもとづいている。この言葉には始めると支配するという二通りの意味がある。プラトンが『法律』の終わりで明確に述べているように、「始まり（アルケー）」だけに「支配する（アルケイン）」権利が与えられていることが彼にとっては決定的なことなのである。プラトン的思想の伝統では、「支配する」ことと「始める」ことが同一であることが語源的には言葉のうえで当然視されたため、「始まり」はすべて支配を正統化するものと理解されたが最後には、「始まり」という要素が支配概念から完全に消え失せた。それとともに政治哲学から、人間的自由に関するもっとも基本的な本来の理解も消滅したのである。

始めることが支配のうちに吸収されてしまった結果、自由は自己支配として理解され「主権」という概念に転化してしまいました。自由と主権との差異が忘れ去られると、自己を支配する者だけが他者を支配する権利があるとされ、政治が製作活動をモデルに考えられることになります。実践を製作に転化させることによって、プラトンでは実践の時間的構造も消し去られ、複数性と予測不能性が消去されます。すなわちプラトンの野望は、「壊れやすい人間世界を、製作活動によって永続的なものにすること」であったわけです。

「自分は賢者（philos）ではなく知を愛する者にすぎぬ」という意味でphiilosophosという言葉を最初に使ったのはピタゴラスで、philosopheinという言葉を最初に使ったのはヘロドトスとされています。ピタゴラスは「金儲けを企む者」や「名誉を重んずる者」と区別して「観るだけの人」をphilosophos

と言ったし、ヘロドトスは諸国を遍歴して見聞を広めることをphilosopheinと言ったというわけです。実は、theorosというのも、よその国の祭を視察に行く者のことでした。もっと昔には神託を聞きに行く者のことでした。つまり、視察に出かけて得た「見聞」を報告すること、いわば他国の実情について証言する者、あるいは神のお告げを聴き、聴き得たお告げを正しく伝え、証言する者のことだったのです。だからこそソクラテスは「若い君たちと違って、当時の人々はスレてなく純真だったので、真実を告げるものでありさえすれば、岩や樫の声に耳を傾けるだけで十分だったのだよ」と言ったのです。これは単に若者への皮肉や嫌みなのではなく、theorosの往時の姿を言ったものなのです。

ところが（若者のひとりだった）プラトンはtheorosをtheorein（観る）に結びつけて、「真実を観ることを好む者」が国を支配しない限り、災厄の止む日は来ないと断言しました。哲人王の説を唱えた後でプラトンは、「どういう学問も好き嫌いせずに深く知ろうとし、あるいは飽くこともなく喜んで学ぶ者こそ哲学者と言ってしかるべきだ」とした後に続いて、グラウコンとの悪意に満ちた次のような会話を記しています。

「そうしますと、山ほどの奇妙な輩が仰った条件を満たす者になりましょう。と申しますのも、物見高い連中（philotheamones）はみな知りたがるからこそ物見高いのだと思われますが、聴きたがり屋たち（philekos）も、哲学者とするにはあまりにも奇妙な連中だからです。とにかくあの連中は、哲学的議論のような話には加わろうともしないくせに、コロスの歌を聞くことにかけては、まるで耳を貸して賃稼ぎでもするかのように、あらゆるコロスを聴いて回るという有様で、ディオニュシア祭のときなんか、駆けずり回って町や村での公演を一つ残さず聴こうとしますから ね え。……こんな連中やこの類の事柄に熱を上げる者たちや些末な技芸が好きな連中をみな哲学者と呼ぶのでしょうか」

「いや、そういう者は哲学者とは似て非なるものだ」

「では、どういう者を本当の哲学者と仰るのですか」

「真理を観ることを好む者たち（tous tes aletheias philotheamones）こそ哲学者なのだ」

実践はいわば差異の出現である時間のなかで展開されますから、いったんおこなったことを為さなかったことにすることはできません。そして人々の間でおこなわれる活動が引き起こす結果については、予測することが不可能ですから、われわれが現実に生きている世界は不確かで冒険（ad-venture）に満ちているわけです。世界についての不安や恐怖が生まれるのはそのためです。そういう不安や恐怖を逃れようとすれば、時間を超えた絶対的真理、つまり世界の根源（アルケー）を探し出して、それにもとづいて安定した世界を作り上げ、世界を支配すること（アルケイン）をめざすことになります。しかし自己支配を自由と考えて確立される主権的主体、つまり企図や意志を有する主体が計画的に歴史を構築するとか建設するという「作る」という発想がいかに馬鹿げているかは明らかでしょう。

支配者によってユートピアや理想社会を作り出そうという発想が、政治そのものに対していかに破壊的にはたらくかも想像できるでしょう。

一九六四年のテレビ・インタビューの冒頭でガウスの問いかけに対して、アーレントは、自分は哲学者という部類には属しておらず、自分の仕事は politische Theorie なのだといって、自分が哲学者であると感じたことはないと答えています。アーレントの活動は必ずしも「政治理論」とか「政治思想」という言葉では言いつくせないものです。アーレントの politisches Denken も「政治的思考」というより、アリストテレスのように「思慮（sophrosune）」というほうがわかりやすいでしょうが、彼女の著書のほとんどの副題も、「思慮」を養うための報告や試論や演習であることを示していると考えれば、そこに彼女の politische Theorie の特質を認めることができます。

アーレントは周到な準備をしてレッシング賞受賞記念講演をおこないました。その講演で彼女はレッシングの可能性を極限まで追求し、その果てに新しい可能性を見いだそうとしています。その脱構築的作業のためのノートがアメリカ議会図書館に保存されていますが、そのノートの二枚目にレッシングの『ハンブルク演劇論』九五号の最後の部分が抜粋され、その最後の「私は fermenta cognitionis をまき散らそうとしか思っていない」という文章は講演でも引用されています。ノートではアンダーラインが引かれている fermenta cognitionis の cognitio の動詞形 cognosco は、「直接に知る」とか「経験する」という意味ですから、cognitio は「思索（cogitatio）」とは違う「詩的思考」を意味しているのでしょう。また fermenta には発酵を促す「酵母」という意味のほかに怒りや憤慨という意味もありますから、fermenta cognitionis は「思考を促す酵母」を意味すると同時に、「思考」の始まりには「憤激」があることも示唆する言葉だと考えられます。アーレントは政治の要件を明確にするために、政治を破壊する伝統的な思索に対して「詩的思考」を強調しますが、彼女がそれをベンヤミンの「真珠取り」にたとえて説明したように、彼女は「詩的思考」による「概念の系譜学（Genealogie der Begriffe)」を試み、概念が生成した現場に遡り、その際の根源的な経験を解明し、概念が背負い込んだ危険や可能性を捉えようとしているのです。

アーレントはその講演を「暗い時代における人間らしさについて」と題しました。「暗い時代」とは「公共空間が光を失い……人々が自分の利害や内面的な自由を配慮してもらうことしか政治に求めない時代」のことですが、現実が隠蔽され偽装されて、政治への関心が失われている状況にある限り、今日も「暗い時代」に違いなく、あまりにも情けない出来事が続発して憤激を抑えかねる状況です。その憤激はアーレントが全体主義による政治の破壊に対して抱いた憤激に劣るものではないと思われます。アーレントは現実に目を向け、現実の背後に隠れている力と対峙することを求めていると思われます。『人間の条件』の「プロローグ」では、アーレント

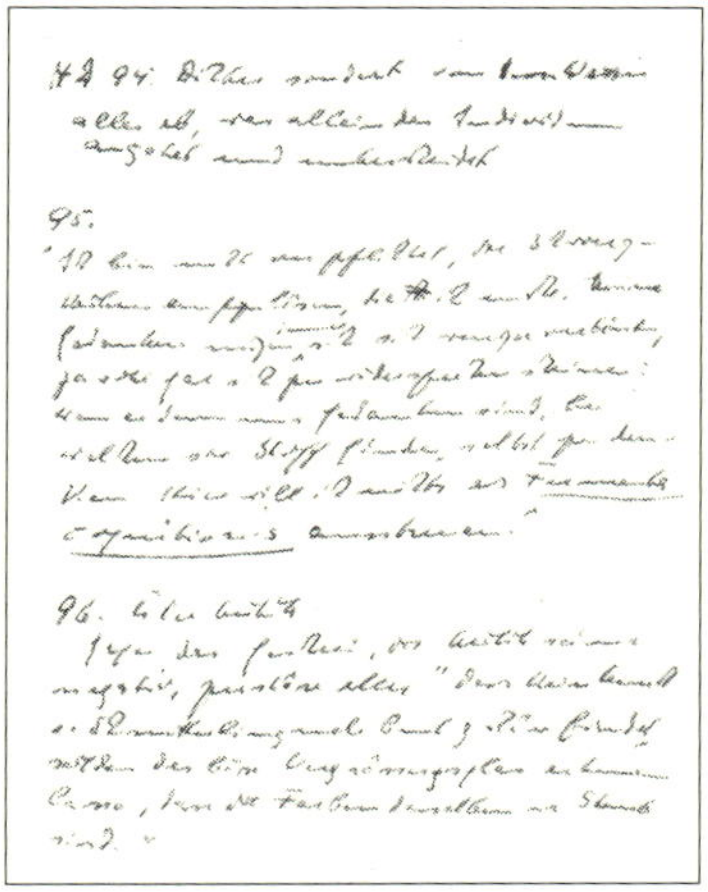

レッシング講演の準備ノート（2 枚目）

は現代世界は「最初の原子爆発とともに生まれた」と述べて、世界がまったく新しい時代に突入したことを指摘しています。スヴェトラーナ・アレクシェーヴィッチも『チェルノブイリの祈り――未来の物語』の邦訳序文で次のように重大なことを告げています。もっとも、『チェルノブイリの祈り――未来の物語』という邦訳では「祈り」と訳されていますが、訴えや憤怒その他を伝えている以上、英訳のようにむしろvoices（声）でしょうし、「物語」と訳されているところも、事実の報告であるからには、あえて「未来への証言」と言った方が意味が明確になるかもしれません。

ここでは過去の経験がまったく役に立たない。チェルノブイリ後、私たちが住んでいるのは別の世界です。……なにかが起きた。でも私たちはそのことを考える方法も、よく似たできごとも、体験も持たない。私たちの視力も聴力もそれについていけない。私たちの語彙ですら役に立たない。……なにかを理解するためには、人は自分自身の枠からでなくてはなりません。感覚の新しい歴史がはじまったのです。

ニーチェは将来の哲学者のための地平を「将来の神話」と呼びましたが、『反時代的考察』第四篇の出版の前年には「思想という形でなく、目に見え感じうる出来事の形で考えることが本来の詩的なことである。これを示しているのが神話である」と書いています。この言葉が示しているように「将来の神話」はもはや「思考は概念による思考ではない」わけであります。「感覚の新しい歴史」の到来を告げるアレクシェーヴィッチの証言もはや概念的思考を超えています。感覚そのものがすでにアンダースが指摘していたように「言葉による感覚」なのでしょうが、そういう飼い慣らされた感覚を超えた新しい感覚が求められているのです。そういう感覚を語る言葉はもはや「語る」のでなく「歌う」と言うべきで、「ミュートス（沈黙の言葉）」以外にはありえないでしょう。神話（ミュートス）とはそういう新しい感覚の歌だったのです。ニーチェが『悲劇の誕生』の「自己批判の試み」に、「この新しい魂は歌うべきであった。――語るべきではなかった」と記した意味はそこにあると思われます。

これまで自明のことのように、証言の根拠となるのは「自分が見たり聞いたりしたこと、つまりは経験した事柄」と述べましたが、「百聞は一見にしかず」という言葉もあれば、ショシャナ・フェルマンが「現場の目撃にもとづくと共にそれによって証言が確定される」と言う「西欧世界の法的、哲学的、認識論的な伝統」もあります。しかし、ソクラテスが「岩や樫の声を聴く」と言ったとき、「聴くこと」も証言の根拠となることを語っていたのではないでしょうか。つまり、証言の根拠は必ずしも「現場の目撃」には限らないのではないでしょうか。「聴いたこと」はあくまで「伝聞」にすぎないとして、証言としては取り上げられないものなのでしょうか。

ソクラテスが判決を受けて死刑執行まで一月も待たされたのは、他のポリスの神事を視察にいった視察員（テオーロス）が帰ってくるまで執行が停止されていたからだったことも考えれば、テオーリアを「観ること」に限定して考えることはないでしょう。「声の回帰」を書いたショシャナ・フェルマンの言う「西欧世界の伝統」は、アーレントが「哲学の終わり＝思考の始まり」と記したとき考えていた「視覚の優位」を牢固として信じてきた伝統なのかもしれませんが、フェルマンが「声の回帰」と題したところに、そういう伝統への批判が潜んでいると考えてもあながち見当違いでもないのではないでしょうか。

ベルクソンは「その名に値する哲学者はただ一つのことしか語らなかった」と書いていますが、アンダースの場合、語るべき唯一の事柄は「真実」だけだったと思います。アンダースは「真実」についての証言者として徹底していて、小説をはじめ詩や日記、論文や寓話やアフォリズムというように多種多様なかたちで時代への警告を発し続けました。そのため彼は、黙示録的終末の予言者とか現代のカッサンドラ、絶望の哲学者、悲観的な文化哲学者、モラリスト、ニヒリストなどと言われ、さまざまな誤解も受けました。それはアンダースがデーブリーンやブレヒト、あるいはハートフィールドに学んで、誇張やシュルレアリスム的な表現やモンタージュ手法を駆使して語ったからです。たとえば『良心立入禁止』と題された原爆パイロットのクロード・エザリーとの往復書簡の翻訳が『ヒロシマわが罪と罰』という奇妙な書名で出版されたのがいい例です。なぜなら、アンダースは「原罪」の観念がヨーロッパ文化にとっての根本的な災厄だったと考えた人であり、彼ほど「罪」や「罰」を認めなかった人はいないからです。エザリーの不安と苦悩は、彼がビキニ環礁での原爆実験に参加して放射能雲に突入したときの被爆によるものであり、それが原因で妻は二回流産したのち離婚し、自分も喉頭癌で死亡しました。一九六三年にアンダースはメキシコシティーでエザリーに会ってその狂態を見ていますが、格別驚く様子もなかったところを見ると、彼は真相を十分に認識していたと思われます。つまりヒロシマでリハーサルをおこないナガサキで「恐喝」のための大量殺戮を実行した合衆国こそが徹底的に批判されているわけで、そのためアンダースはケネディ大統領に書簡も送りました。それを読めば、あの往復書簡が原子力時代における倫理的人間を謳いあげたものだという読み方は、ひとつにはアンダースの手法に対する無理解によるものであるのは明らかでしょう。

ハートフィールド論でアンダースが説明しているように、エザリーに限らずその対蹠的人物とされるアイヒマンにしても、アンダースが示そうとしているのは個人の道義心とか責任感というものではなく、「穏やかなテロル」の様相を呈している、核破壊によって歴史の「最後の時代」へと人間が追い詰められ、「システム」の支配が歴史の根本的動力となっている世界なのです。その力が余りにも強大であるため、人間的感覚の閾を超えていて、それと人間の能力との余りの「落差」によって、人間には想定するのはもとより考えることすら不可能で、想像するのも至難である「化け物じみたもの」が出現したのです。ドイツではアーレントの『エルサレムのアイヒマン』の独訳が出た年、アンダースが二十五年前にアイヒマンの息子に送った質問状にもう一通を合わせて『われわれはみなアイヒマンの息子』を出版し、現代世界は、われわれから「思慮分別が剝奪された状態」であり、良心が失効し責任や判断力の及ばぬ「技術が支配する世界」であることを示したのはそのためでした。これが貴重な証言であることは言うまでもありません。

証言とは、自分が見たり聞いたりしたことを単に伝えることではありません。証言するとは語ることによって、自らの経験を他者に訴えることであり、自分が真実と思う事柄を他者に委ねること、他者に託すことです。したがって証言は他者からの問いかけに対する応答であるだけでなく、証言内容について責任をもち他者に対する責任を担うことにほかなりません。そして責任というものの構造から、つまり証言に、「について（um）」と「に対して（vor）」という二肢構造があり、しかもこの vor というドイツ語には「に代わって」という意味もあることから、証言の真実についての、そして他者に対して、しかも何ものかに代わって担う責任が証言者にはあるわけです。そして、このことは、証言が、何よりも未来にかかわり、歴史についての責任と歴史に対する責任を担うと同時に、常に何ものかに成り代わって証言することを意味しているという基本的な事実を示しています。

このことから証言が唯一独自のものである理由も当然、理解できることでしょう。つまり証言は、つねに特定の人物が特定の立場で声を挙げるという形になります。声を挙げる証言者はいつも特定の場に立ち、あるいは特定の場に立たされているはずです。証言者はいわば「やむにやまれず」発言するわけです。どういう証言でも、証言が必然的に歴史的に唯一独自のものとなるのはこのためです。しかし、証言は偽証である可能性を免れることはありません。その意味で、証言はまず「嘘」と密接な関係がありますから、フェルマンは、偽証や欺瞞が蔓延しているところに「証言の歴史的危機」を認めています。

一九八六年イェール大学でランズマン監督は『ショアー』について、「この映画が私にとって何であるかを一言で言えば、これは incarnation（具体的な姿で表現すること）であり、resurrection（生き返らせること）だと言いたい、さらに言えば、この映画の進行全体が哲学的なもの（a philosophical one）であると言いたい」と語りました。つまり被害者、加害者、傍観者という三者三様の立場からの、さまざまな言語による多種多様な証言を伝えることによって、凍りつくような真実を浮かび上がらせ、衝撃を与えずにいない重大な意味を伝えることこそ、ランズマンがこの映画で意図したことでした。その意味で、この映画はまさにフェルマンの言う「証言の証言者」なのです。だとすると、この文章でランズマンが「哲学的」と呼んでいるものは、史実を記述しようとする自分自身を絶えず対象化し、自己を客観的に見ることを忘れない態度だと思われるかもしれません。実はそれだけではありません。この言葉にはさらに、自己を背後から規定している力への洞察とそういう力に対する告発が示唆されていると思われます。もっと明確に言えば、ここでランズマンが「哲学的なもの」と呼んでいるのは、真相なり実態なり現場なりの記憶が蘇って、語らずにおれぬことを語る「証言者」の在り方にほかならないでしょう。そしてそれは、ニーチェが Die fröhliche Wissenschaft という書名に使った Wissenschaft が意味しているものでもあったでしょう。なぜなら、Wissenschaft は今でこそ科学とか学問という意味で使われますが、古くは Bericht（報告）や Kunde（情報）を意味していたので、ニーチェの書は『すばらしい知らせ』と訳したほうが彼の真意に近いかもしれないからです。彼がことさら la gaya scienza というスペイン語を副題に添えたのは、ドイツ語だけでは「福音」と読まれるのを恐れての韜晦だったようにも思われます。

ジョルジュ・ディディ＝ユベルマンが説得的に示したように、アウシュヴィッツのゾンダーコマンドが密かに撮ってポーランドのレジスタンスの一員に託した四枚の写真も、あるいは原爆後遺症に悩む人をいまだに苦しめている背中のケロイドも、それぞれの仕方で事実を語る「物語（narrative）」にほかならないのではないでしょうか。アーレントの言う「物語」も英雄物語のたぐいだけをさしているわけではないでしょう。ディディ＝ユベルマンは「〈語りえぬもの〉や〈想像不可能なもの〉という——多くの場合好意的な、一見哲学的だが、実は怠惰な——絶対的用語でアウシュヴィッツを語ることが、もはや不可能だ」と言い、「証言するとは、語ることがまったく不可能なものについて、すべてに抗して語ることである」と書いています。

科学技術による制御を超える原発事故を起こしたにもかかわらず、「人間がせっかく開発した技術体系を放り出すのは愚かだ」と言う馬鹿な政治家がおり、「人類の叡智の結晶たる原子炉」を称賛し、平気で原発推進を称える恐ろしい人物にも事欠かない。もちろん、肺腑をえぐる言葉や胸を打つ話があります。それは、自分の関心によって閉じ込められた思考の範囲を超えたところから響いてくる声です。そういう声を聴けば、日頃の経験を打ち破るような経験、つまり経験だと思いこんでいた種類の経験を突き破る新しい経験、経験を超える経験が起こるはずです。

ところが今日、われわれには、そしてわれわれのまわりでも、その種の経験がはたして起こっているでしょうか。もちろんそういう経験を得て、身を打ち振るわし、心が痛んでいる人々もいるでしょうし、その種の経験に見舞われて立ちすくまざるをえない場所も各地にあるに違いありません。どうしても「しかし」と言わざるをえないのですが、そういう人々の挙げる「声」が、そういう場所から響いてくる「叫び」や「訴え」が、多くの人々の心に届いているでしょうか。「頑なな心」という言葉があります。あえてこの言葉を使うなら、「頑なな心」が日本全土を覆い尽くしているのではないでしょうか。そうではなくて、悲痛きわまりない声に胸を震わせ肺腑をえぐられるような思いをしたことのある人々がいるのなら、では、それが人々のうねりとなって社会的に大きな動きにならないのはなぜでしょうか。すでに広島型原爆の一五〇〇万発分の核廃棄物を造り出し、今後一〇〇万年にわたってその処理に苦労し続けなければならないのに、「世界に誇る核技術」を捨てるのは惜しいとか、「世界的に原発が求められており、日本の原発製造技術への期待は高まっている」という唖然となるようなことを平然と言う輩が跋扈しています。熔け落ちた核燃料は地中に浸出するまま放置し、海洋に放射能を拡散させ続けながら、よくもそういう途方もない妄想を言い続けられるものです。

現代は証言の時代ともいわれますが、現実には偽証に満ちあふれ、欺瞞や嘘八百が横行し、時代おくれの奇妙な国粋主義、その底意に気づくこともなく欺されて熱狂的な排外主義が高まっています。激しく批判すべきジャーナリズムは何の反応もしない。反原発のデモや集会は無視する。憲法を守るべき人間が憲法違反の手続きを強行し、美しい辺野古の海を破壊して米軍に提供しようとしている。雇用状況は悪化し経済格差が拡大する一方なのに、官僚に唯々諾々と従う政治家たちはグローバリゼーションの波に飲み込まれ、そのため社会が崩壊の一路を辿ることにも全く無感覚の有様です。福島第一原発の後始末もできないのに原発再稼働に血道をあげ、原発を売り込むために首相が諸国を駆け巡って原発産業を喜ばせ、核武装のための準備を着々と進めるという恥辱の極致というべき状況では、無力感にさいなまれつつ諦めムードだけが深まるというのも無理からぬことかもしれません。しかしわれわれには、表象の限界を説く絶望的神秘主義のためにペシミズムに落ち込んでいる余裕はありません。

アーレントは一九六四年におこなったヨハヒム・フェストとのラジオ対談で、アイヒマンのうちに認めた thoughtlessness は、現在日本に蔓延しつつあるのと同じような妄想やイデオロギーに囚われ、自分以外のことを想像する力がなく、他の人々の立場に立って考える「幅広い考え方」ができない「愚かさ（Dummheit）」を意味していたことを語っています。誤解されることの多い the banality of evil の banal は、愚かであるための浅薄さを意味するものにほかなりません。誰でもアイヒマンになるということではなくて、他者への配慮の欠如という一種の自閉状態こそ、複数性を破壊し政治を崩壊させるものだからこそ、アイヒマンの罪を、赦しえない「人道に反する罪（crime against humanity）」として告発したのです。アーレントが資料は限られたなかで恐るべき出来事についてこういう洞察に達したことは、シュタングネトとともに称賛すべきことだと思います。

3　恥辱と憤激

アーレントによれば、「労働」は生命維持のための活動であって、生物学的な自然循環にとどまっており、「製作」は作品を作り出すための活動なので目的と手段という関係を超えることはできません。「実践」だけがそれ自身を目的とする活動ですが、これには予測不能性と不可逆性という特徴があります。しかし「実践」にはこのいずれも解決できる活動が含まれていると考えられています。すなわち、予測不能性に対しては「約束」が、不可逆性に対しては「赦し」という活動があるというわけです。したがってこの二つの活動においてアーレントの「政治理論」は絶頂に達し、「公的生活に不可欠な最高の二つの調整メカニズム」が見いだされたことになります。

何度も映画の話をするのもどうかと思いますが、『ハンナ・アーレント』にもう一つすこし気になるシーンがあります。マンハッタンを望めるアパートの明るい窓をバックにアーレントが座っている背後の窓辺に、七枝の燭台（メノラー）ではないのですが、二本の燭台が飾られています。アーレントはユダヤ人であり、若い頃にはキルケゴールを愛読し、神学を学ぼうと決意し、『アウグスティヌスにおける愛の概念』という学位論文を書いたのだからこれは当然なのかもしれません。しかし、燭台が繰り返し画面に現れるところには、何らかの意図があるように思われます。

アーレントの思想に古代ギリシャへのノスタルジーを感じる人々が多いのですが、クリステヴァはアーレントが実践についての分析を簡潔に語っている一節をもとにして、アーレントの生涯を通じての探究がキリスト教的精神によるものであることを示唆しています。アーレントをキリスト教的な思想家だと考える人としてはクリステヴァだけではなく、ヤング・ブリュールやジェイムズ・バーナウアーもいますし、アーレントの「ユダヤ性」に着目してもキリスト教よりに解釈したり、彼女が

「キリスト教的政治」を説いたと考える人々も少なくありません。確かにアーレントの著作には「福音」をはじめ「復活」とか「啓示」、あるいは「奇蹟」とか「救済」といった言葉がよく現れることを思えば、彼女をキリスト教的な思想家だと考えても不思議ではないかもしれず、映画の燭台もいかにもそれを示唆しているように見えます。ところが、アーレントが「〈福音〉を告げる」ものとして引いている「われわれに子供が生まれた」という言葉は福音書のどこにも見当たりません。あれは旧約聖書のイザヤ書九章五節の言葉なのです。アーレントはメシアに関するユダヤ教的解釈とキリスト教的解釈を対立させていませんが、両者を和解させて「ユダヤ・キリスト教的」伝統という鵺的なものを打ち出しているわけではありません。彼女にとって世界は、世界への信頼であって神への信仰ではありません。アーレントが「福音」と呼ぶものは、世界を超越する〈と彼女が考えている〉キリスト教的な世界疎外によって救済されるわけではないのです。アーレントの議論は、『新約聖書』の超越的なものへの思考とは異なるイザヤ的な世俗性と一致するものです。したがってアーレントは、世界への希望を捨てないユダヤ教のメシアニズムの伝統に忠実だと考えられます。彼女が「赦し」を発見したのはナザレのイエスだと言うのも、旧約聖書における神による「赦し」とは異なり、古代ギリシャにおける「寛恕(sungnome)」とか「容赦する(sungignosko)」でもない、人間による「政治的活動」としての「赦し」を説いたのがイエスだという意味なのです。もっとも『人間の条件』は、ダヴィデ王国の再建をめざしたり革命的社会主義へメシアニズムを転換したりしようとしているわけでもありません。彼女は、世界の救済を超越的存在の力に求めず人間によって新世界を作り出そうと考える近代主義とは決別しているのです。

メシアへの希望は時の終わりという観念の形で現れますが、この観念はメシアニズムとは関係がありません。新しい時代が始まり旧世界と対立するときにしか、時代の終わりが近づいたと言えるはずがないからです。「ダニエル書」や「ヨハネの黙示録」から現代の全体主義的イデオロギーに至る黙示録的メシアニズムには、二つの時代の間の対立や抗争が認められ、最終的解決を闘争に求める暴力的な印象がありますが、それがメシアニズムを否定する理由にはなりませんし、メシアニズムを千年王国論と混同することもできません。「時の終わり」とか「歴史の終焉」という黙示録的イメージからメシアニズムを解き放つことこそ、アーレントが『人間の条件』で課題とした基本的な問題にほかならないのです。

労働する動物は生命過程の反復的なサイクルに閉じ込められ、労働と消費の必要に永久に従属する苦境から……製作する能力によって救われる。「工作人」が無意味さや「一切価値の低落」から救われるのは、……行為と言葉との相互に関連した能力によってのみである。人間—「労働する動物」「工作人」「思考する者」を救うものは、それぞれの活動の外部からやってくるが、その外部は確かに人間の外部ではない。……実践とその苦境の場合はまったく異なっている。実践においては、行為によって始まる過程の不可逆性と予測不能性に対する救済は、別の高い次元にある能力によって起こるのではなく、それは実践そのものに潜む能力の一つなのである。

アーレントが実践の予測不能性を救う実践の潜在能力とするのは「約束し約束を守る能力」であります。約束することは製品を作るのとは訳が違います。約束を守ることとは持ち物を守ることとは違います。生産はひとりでもやれますが、約束はひとりですることではありません。労働する動物は自分を支配できますが、約束する者は約束した相手に従属することになります。したがって約束する能力は「自己を支配し他者を支配する主人とは相反する者」なのです。それはまさしく非主権性を前提として考えられる自由に対応するものです。それでも約束と製作とは、そうでなければ消え失せるものを安定させるところに似たところがあります。

約束の能力がもつ安定力は……ローマの法体系に見られる協約や条約の不可侵にまで遡ることができる。あるいは、その発見者はウルの人アブラハムだと考えることもできる。聖書が語るように、彼の物語全体に、契約を結ぼうという情熱的な衝動が認められ、世界の荒野で相互約束の力を試してみるために彼が祖国を離れたかのようであり、結局、神自身が彼と契約を結ぶことに同意する。

アーレントがニーチェと異なるのは、約束を赦しと併せて考えているところです。アーレントは赦しのほうを重視しています。約束を破っても赦すという約束が先になされていなければ、約束する力は発揮することはできないからです。

約束が実践の予測不能性に応えるように、赦しは不可逆性に応えるものですが、労働を救う製作、製作を救う実践とは異なり、赦しの救済は、実践するなかで起こるものではなく、実践がなされた後で実践を可能にするものです。しかし実践が可能になるのは自分以外の高次の力によってではないというのが、イエスのメッセージだとアーレントは解釈するわけです。そういう聖書解釈をアーレントは、イエスを「偉大なる兄弟」と考えたマルティン・ブーバーから受け継いだと考えられますし、アーレントの労働、製作、実践という図式も、フランツ・ローゼンツヴァイクの『救済の星』での創造（世界）、啓示（神）、救済（人間）という展開を思わせます。

実践の能力は、人間はかならず死ぬという法則に反する。なぜならこの能力は日常生活の容赦ない自動的過程を断ち切るからだが、日常生活が生物学的な生命過程の循環を妨げ干渉するのは既述したとおりである。人間は間違いなく死ぬが人間が生まれてきたのは死ぬためではなく始めるためであることを常に思い起こさせる、破滅を妨げ新しいことを始める能力である実践固有の能力がなければ、死に向かう人間の生涯において、人間的なものがすべて破滅し破壊されるのは避けようがないだろう。

ここでアーレントが試みているのが、目的―手段の功利主義的な無限連鎖、あるいは自然的な循環過程のなかですべてが手段化したり無意味化するのを避けるために、カント的な「目的自体」として人間を至高目的に祭り上げることでないことは明らかでしょう。そうではなくて、実践の能力、すなわち新しいことを始める能力によって、あくまでも人間活動の領域で、世界の意味を確立しようとしているのです。

アーレントが『世界への愛（*Amor Mundi*）』という表題の書を書く構想をヤスパースに伝えたことは有名な話ですが、実際にはそれは『人間の条件（*The Human Condition*）』と題される書物になりました。彼女は『思索日記』でも、愛を人間の活動に組み入れようと何度も試みながら結局諦めています。とくに「世界への愛」は恋人への愛情とも隣人愛とも神への愛とも異なる愛に違いないはずです。映画では、死期の近いブルーメンフェルトが「イスラエルへの愛は、同胞に愛はないのか？」と尋ねたのに対し「一つの民族を愛したことはないわ。ユダヤ人を愛せと？　私が愛するのは友人、それが唯一の愛情よ」とアーレントは答えます。これは、もうひとりのシオニストでカバラ研究者であるゲルショム・ショーレムとの往復書簡でのアーレントの言葉を使ったものと思われます。そこでは最後にアーレントは、「実際に私が愛するのは友人だけであって、その他のどういう種類の愛情も抱くことはできません」と書き添えています。

これは、「世界への愛」の実質はむしろ世界への信頼とか配慮だからでもあると思われますが、アーレントが愛情だけでなく感情一般を私的領域にある非政治的なものだと考えているからなのです。そのため『人間の条件』では、「恥」も私的領域に位置づけられ、非政治的なものとして扱われています。アーレントによる恥の取り上げ方は二通りあります。アーレントにとっては、恥はまず反政治的経験であり、政治的領域を生み出す能力を破壊するものとして現れます。これがもっとも明らかに見られるのは、「成り上がり者（parvenu）」の構え方です。アーレントはそれを複数性をそこなうものとみなします。もう一つは、ホロコーストについての「恥」ですが、それを彼女は「人間であることの恥」として語りました。そこでアーレントが思い起こしているのはユダヤ教の贖罪の祈りなのであり、この恥はあくまでも宗教的であって政治的なものではありません。

ゲルショム・ショーレムの「ユダヤ教におけるメシア的理念の理解のために」という論文に見られる次のような説明を読めば、アーレントの「世界への愛」という構想の根源がどこにあるかは明らかではないでしょうか。

> ユダヤ教は、そのすべての形式や形態において、常に一つの救済概念に固着してきたが、それは救済者、公共性において完遂され、歴史の舞台の上で、また共同社会の媒介において、要するに、決定的に可視的なものの世界において完遂され、そのような可視的なものの現れをぬきにしては考えられない過程として把握してきた。それに対してキリスト教にあるのは、救済を精神的領域や不可視なものにおける過程として把握する理解だが、その過程は、魂の中で、個々人の世界の中で演じられ、ひそかな変化を惹き起こすものであり、それには世界内の外的な何物とも呼応してはならないのである。

アーレントがメシアニズムに由来する考えをしていたのを端的に示すエピソードがあります。それはアンダースの『異端の思想』にある「ベルリン動物園の入口」という次のような話です。

一九二九年の冬つまり半世紀前、ハンナと一緒にここに立って、生まれたてのマーモットを見せてやるから、一緒に入ろうと彼女を説得しようとしていたのを思い出した。……するど彼女はあの素晴らしい言葉を口にした。——ほんとうにそれは素晴らしい言葉なのだろうか？——

「私は人間にしか興味はありません」。

誰かが人間的で温かい心をもっていたとすれば、あの時のハンナがそうだった。しかし、人間にしか興味はないと彼女が言ったときの反論を許さない言い方は、奇妙なことに、私には非人間的だと思われた。彼女の言葉に対して、私はきっと非常に激しい言葉で言い返しただろうが、それがどういう言葉だったかもう思い出せない。すぐさま「人種差別主義者」という言葉を使うところだ。——

冷え切った思いで家に帰るとき、私たちは一言も言葉を交わさなかった。しかし、私は彼女に尋ねてみた。「君はわれわれ人間を〈選民〉と思っているのかね？」。その問いに彼女は答えなかった。彼女の答えが「はい」だったことは、彼女の書物が公表されている今日では、もう疑う余地はないだろう。

アーレントがキリスト教徒でなかったことは、バード大学構内にある名前と生没年だけを刻んだ石版に小石が積まれている彼女の簡素な墓を見ても明らかです。アーレントは特定のシナゴーグに属するユダヤ教徒ではなかったようですが、「神の存在を疑ったことはありません」と言っていますから、彼女のうちには「ユダヤ精神」がしっかりと生き続けていたのでしょう。

アーレントの墓

故郷を失ったアーレントは、亡命生活の苦難を超えて残ったのは「言葉」だと言いましたが、クリステヴァが述べているように、言葉は狂うこともあれば崩れてしまうこともあります。アーレントは戦後ベルリンに行ったとき、ベルリン訛のドイツ語が聞こえてきたのに深く感動したと語っていますが、それはルター以来幾多の人々が苦心の挙げ句ようやく作り上げたドイツ語であり、カント、ヘーゲル、ニーチェのドイツ語であり、ゲーテ、ヘルダリーン、リルケのドイツ語でした。彼女に残った「ドイツ語」は母語であるだけでなく、ドイツの哲学・文学などの文化伝統であるわけです。しかしもっと重要なのは、彼女のドイツ語が、アーレントが傾倒したヨーロッパ・シオニスト連盟の代表クルト・ブルーメンフェルトの言葉であり、彼女が使っていたマルティン・ブーバー訳の旧約聖書の言葉であり、彼女が自室に写真を飾っていたフランツ・カフカの言葉でもあり、さらには選集に彼女が序文を寄せた（アンダースの「いとこ違い」にあたる）ヴァルター・ベンヤミンの言葉でもあったことです。つまり、アーレントが「言葉」として言ったものは、そういう人々に脈々として生きていたユダヤ精神（Judentum）のことだったのではないでしょうか。

アーレントの「新しい始まり」という概念はアウグスティヌスの読解やローマ帝国の創設の理解と結びつくものと考えられています。しかし彼女の実践や生誕における新しいものの出現という考え方だけでなく、歴史の亀裂、近代的進歩信仰の否定、約束の理解の仕方、暴力的政治行動の拒絶などという彼女の考え方は、一九二〇年代中央ヨーロッパにおけるユダヤ・メシアニズムの伝統に通じるところがあります。『過去と未来の間』の「歴史の概念」でアーレントは次のように述べていますが、ここには、歴史を直線的過程として捉える見方を徹底的に批判したローゼンツヴァイクに近い考え方が認められます。

> われわれには理解しがたいことだが、死にゆく運命にある者がなしうる、歴史の物語の主題となる偉業や仕事が、包括的全体や一つの過程の一部とは見られず、反対に強調されたのは個々の事例であり、個々の仕事であった。個々の事例や行為や出来事が日常生活の循環運動を断ち切るのは、死にゆく運命にある者の直線的な生き方が生物学的生命の循環運動を断ち切るのと同じである。歴史の主題はそのような断絶であり、言い換えれば異常なものなのである。

アーレントが自分の著作のなかで、カントやニーチェを除けば、自分が影響を受けた人物に触れることはほとんどありませんが、とくにギュンター・アンダースには『人間の条件』の一つの脚注で言及したことがあるだけです。『わがユダヤ精神（Mein Judentm）』には「たとえ絶望的であろうと、自分とは関係ない」という宣言めいたタイトルを掲げたアンダースの対話が収められていますが、そこで彼は受け継いだ「ユダヤ精神」の特質を「偶像破壊」という一言で表現しています。「黙示録的状況」を警告するためにアンダースが駆使する誇張やシュルレアリスムやモンタージュといった手法へのアーレントの無理解、そしてアンダースの活動や生活についてのシニカルな感想も、無神論者を自認したアンダース独特の「ユダヤ精神」に対する反発から生まれたものであるように思われます。

アーレントでは、メシアニズムは彼女の「人間中心主義」の原因の一つなのでしょうが、黙示録的な世界の終わりに対するアーレントの否定的態度もアンダースとの顕著な違いです。そしてさらに重要な問題の根もここにあると考えられます。それはアーレントが「感情」の政治的意味を無視していることです。彼女が感情や身体を取り上げるのを忌避するところには、クリステヴァが指摘しているような「恐怖」があったのかもしれません。しかし、たとえばヒトラーが国民を総動員するために国民の憎悪と羨望を利用したことを考えるだけでも、感情には無視できない政治的意味があるのがわかります。早くから「感情の歴史」を重視していたアンダースは、生前最後に「時代おくれの憎悪」という論文を発表して、他者を否定し抹殺することによって自己を確立し、自己を支配することによって他者を支配しようとする主権的自由を批判するとともに、ボタン一つで都市を壊滅させ、ミサイルで無辜の市民を虐殺する者たちには憎悪さえ認められない現状が、ほかならぬそうした憎悪の思想の所産であること、その現状を克服するためには、他者への憎悪から生まれた思想に対する批判が不可欠であることを指摘しています。そこには感情の政治的な意味を重視する明確な意識が認められます。

アーレントはショーレムへの書簡の中で「あなたも私に同意すると思いますが、愛国主義は常に反対勢力と批判を伴うものです。このたびの出来事を総じて言っておきたいことが一つあります。同胞が犯した不正に対しては、当然ながら、他の人たちが犯した不正以上に怒りを覚えます」と言っています。『思索日記』にも「報復や赦しよりも、純粋な怒り、あるいは怒りが静まる純粋な悲しみのほうが上だ」と書いていますが、その場合も、道徳的、宗教的な意味を語っているのであって、政治的な意味で言っているわけではありません。

しかしアーレントが「怒り」や「恥」は「非政治的」だとし、「身体」は純然たる「私的な事柄」だとしているのは奇妙なことだと言わざるをえません。そしてアーレントが人間のパトスについて論じていないという見逃せない決定的に重要なことも思い浮かびます。そのことは「政治的実践の基礎」と言われる「約束と赦し」について考える場合に忽せにできない問題です。

「赦し」が容易ならざるものであるからこそ、アーレントはそれを「奇蹟」とも「異常なこと」とも呼びました。実は「赦し」にはその手前に必要なものがあると考えられます。その事情はクリステヴァが『黒い太陽』で示したラスコーリニコフの復活についての分析からも明らかですが、彼女が『憎しみと赦し』でさらに分析を深めたのもアーレントが追究しなかった問題を究明しようとするものだと言えます。

では「赦し」の手前に必要なものとは何でしょうか。「赦し」はアーレントが強調するように何よりも「複数性」を前提とします。「赦し」が起こりうるのは、悔悟して他者に赦しを乞う者が現れる場合に限られるでしょう。自分の言動のおぞましさに震え上がり、そこに深い「恥辱」を感じるとき、もうすでに「赦し」が起こっているとも言えるのではないでしょうか。

技術の原理によって組織された現代では、世界と人類の危機は宗教ではなく人間が解決するほかはありません。「技術による支配」に対抗するには、孤立して無力感に囚われて無関心でいるのではなく連帯した抵抗がなされねばなりません。そのためには新しい共通の感情ないし感受性が必要です。アンダースはいわゆる「無知の知」よりも、むしろ「無恥の恥」こそ連帯を生み出すと考えています。連帯の本質は〈罪や罪悪の共同体〉や合理性や理性の普遍性にあるのではなく、「心情の普遍性」にあるというのです。虐待の現場に立ち会ったり虐殺の痕跡を見たりしたとき感じられる「これが人間のすることか」という感情、そのときひとを突き刺す「人間であることの恥（die Scham, ein Mensch zu sein)」、すなわちギリシャ人が大事にした「aidos（恥、敬意、畏怖)」、あるいはベルナール・スティグレールが『象徴の貧困』で重視した「vergogne（廉恥心)」こそ「決定的なもの」であり、「恥ずかしいという感覚の排除的性質のもつ共通性、つまりこのとき出現した新しい連帯感」がなければなりません。

アンダースは『異端の思想』に、「平和への愛のもっとも確実な唯一の基準として残るのは、いずれは恥と無神論になるかもしれない」と書いていますが、それはドゥルーズが『記号と事件』で「恥は哲学の動機のなかでももっとも強力なものの一つであり、そのため哲学は、必然的に政治哲学となる」と語り、『哲学とは何か』では「恥が政治哲学の始まりである」と書いている考え方を思わせます。アンダースが、『橋の上の男』を「人間であること」を恥ずかしく感じた人々に捧げていることは、プリーモ・レーヴィが感じた「人間であることの恥」と同じ恥に、アンダースが連帯の基礎を見いだしていることを示しています。

しかし「おぞましいもの」への怒りや憤りがない場合に、はたして「赦し」がありうるのでしょうか。「赦せない」ものに対してこそ「赦し」がなされるという逆説はデリダが指摘しているとおりですが、強烈な感情によってその逆説の解決を語ったのはジャン・アメリー（本名ハンス・マイヤー）です。彼はアーレントと同じギュルの強制収容所にほぼ同じ時期に、五週間で出られたアーレントとは違って二ヶ月ほど収容された後、再び逮捕されて凄惨な拷問を受けたのちアウシュヴィッツに二年半閉じ込められました。アメリーは『罪と罰の彼岸』の第四章をRessentimentsと題していますが、この言葉はフランス語のressentir（＝深く感じる）に由来するので、ニーチェが考えた弱者の「ルサンチマン」やマックス・シェーラーが病的感情とした「怨恨」とはまったく異なり、「憤激」と訳すべきものだと考えられます。

自分に起こった事柄について二十年もの間、考え続けて確認できたと思うのは、社会の流れのままに赦し、忘れ去るのは倫理に反するということだ。……自然的な時間意識は、本来、傷が癒える生理学的過程にもとづくものであるのに、現実をとらえる社会的枠組みの一部と化したものにすぎない。したがって、そういう時間意識には、倫理の外部にあるだけでなく倫理と対立するという特質がある。時間の経過とともに起こる出来事に唯々諾々と従うつもりはないと宣言する権利が、いや特権が、人間にはある。……人が倫理的であれば、犯人に犯罪事実を突きつけ時間を度外視することを求めずにおれない。倫理にかかわる次元で時計の針を戻すことによって、犯人が同じ人間として、犠牲者と相対する可能性が生まれるからである。

……憤激が求める時間の逆転は人間的ではあっても不合理なものだと思われるかもしれない。——しかし憤激の役割が達成されれば、世界倫理の力強い一つの段階として史上空前のドイツ革命が歴史のなかで実現するだろう。——私は歴史的な実践の場における解決について述べている以上、何も問題はないのではなかろうか。

アメリーが「歴史的な実践の場における解決（Austragung im Feld der geschichtlichen Praxis）」は「憤激」によってしか可能にならないと考えていることに注意しなければなりません。「時間の経過とともに起こる自然的＝反倫理的な治癒過程への独自の抗議」という言葉を聞くと、浦上天主堂の鐘楼の無残な残骸をみた後、爆心地から五百メートルほどの旧長崎医大の異様に傾いた巨大な正門を通って薬草園の跡地に行ったときの感覚を思い出します。そこに建てられた慰霊碑に鋭い書体で刻み込まれた名前のなかに、跡形もなく消え失せた兄の名前を見た瞬間、風景は色彩を失い時間が停止したように感じられたのです。妙に静まりかえった場所で沸き起こった憤激にはどこか恥辱の思いが貼り付いていました。

アメリーは、犠牲者への「赦し」は「時間の逆転」においてのみ起こると考えています。これはアメリーが政治の基礎を絶対的なものに求めていないことを示しています。そしてアーレントが政治的実践の基礎とした「赦し」は、「時間の逆転」において、つまりニーチェなら「生の彼方」と呼んだ領域でしか起こらない活動なのです。それをアーレントが宗教的なものとしてではなく政治的なものとして考えているのは、アメリーの言っていることと必ずしも別のことではないでしょう。

過去と現在との裂け目であり、過去から因果必然的に決定された時間とも単なる可能的未来に開かれた時間とも決定的に異なる時間こそ、われわれが経験している歴史的な現在であります。それは、過去の約束の言葉が約束された将来として現在の行為を束縛する場にほかならないのです。したがってわれわれに求められているのは、不意に襲いかかる未来を引き受けるべく、現状について的確な判断をくだし許しがたい現実に対して抵抗すること、ドゥルーズ式にいえば「批評と臨床」とも言えそうなことにほかならないでしょう。アーレントは感情を重視しなかったために「約束と赦し」を「政治的実践の基礎」としましたが、彼女が「自由の創設」として讃えたアメリカ革命がどれだけの暴力によってなしとげられた事業であるか、またいつどこにおいても誰もが要求されているとしても、「赦し」が至難の業であることを知らなかったはずはありません。したがってわれわれが「約束と赦し」ではなく「恥辱と憤激」こそ「政治的実践の出発点」だと言っても、アーレントの考えに反するとかクリステヴァの熱意に応えないということには決してならないと思います。

ただ、先に述べたように、シュタングネトの描くアイヒマンは相手の心を読み取って、相手の期待にかなうように答え、自己を正当化するために巧みにひとを欺く殺人者であり、世界を破滅へ導く妄想を信奉するイデオローグであって、これはアーレントの言う「愚かさ」や官僚機構だけで説明しつくせるとはどうしても考えられません。アンダースは「凡庸な悪」ではなく「悪意に満ちた紛れもない悪」があったと書いています。そのとき彼がその言葉で意味していたものはまさに「時代おくれの思想」であったと思います。その理由は、ケインズが『一般理論』で述べた次のような貴重な指摘からも明らかではないでしょうか。

> 経済学者や政治哲学者の思想は、それが正しい場合にも間違っている場合にも、一般に考えられているより遥かに強力である。事実、世界を支配するものはそれ以外にはない。……権力の座にあって天の声を聞くと称する狂人たちも、数年前のある三文学者から彼らの気違いじみた考えを引き出しているのだ。……危険なものは、既得権益ではなくて思想なのである。

無論、新しい思想が文句なくいいなどと言っているのではありません。解釈や翻訳も新しいのがいいとは限りません。アーレントを体系的に解釈するのに専念する人もいますが、体系という考え方そのものが潰えてしまったあとでは、そういう解釈は無駄なだけです。アンダースは言うまでもありませんが、アーレントはもはや体系を作り上げようとしているわけではないからです。アンダースが現代世界を「技術が支配する世界」という「巨大な機械」だと言う場合でも、彼が言う「技術」は「技巧」でも「機械」という意味でもありません。彼の言う「技術（Technik）」とは、ギリシャ人が作品を作り上げるために必要な「知識」を「テクネー」と呼んだことにもとづいています。つまり、アンダースの言う「技術」は、端的に言えば、世界をメカニズムとして捉え、世界を一つのシステムに作り上げようとする「製作」をめざす思想のことなのです。

人間を「創造者」として捉え「製作」をめざす思想こそ、世界についても「創造者」を想定し、「無からの創造」という矛盾概念を思いつかせたものだと考えられます。そういうテクネーの思想こそ、「創世記」冒頭の文章を「初めに神は天と地を創造された」と誤訳させたものなのです。というのは、この冒頭の文章が「神が天地を創造したときには」という従属節であることは、十一世紀頃からすでに指摘されていたことだからです。『七十人訳聖書（*Septaginta*）』でも『ウルガタ聖書（*Vulgata*）』でも「初めに」と誤訳されていますが、*The Jewish Study Bible* では When God began to create heaven and earth——と正しく訳されていますし、ヘブライ語原典に最も忠実だとされている *The Moffatt Translation of The Bible* では When God began to form the universe——と訳され create という語さえ消えてます。こうした読み替えによって、世界の始まりがすでにあった時間のなかでの出来事だと考えられれば、創造から終末に至る歴史という考え方も消え失せるはずです。

アンダースが批判しているのは、このように「創世記」を誤訳するような製作の思想なのであって、彼は機械破壊論者ではありません。彼がアポカリプスの予言者でも順応主義者でもないことは言うまでもないでしょう。ウンベルト・エーコは『終末論者と順応主義者』でアンダースを「apocalipticos」として位置づけましたが、それも、「時代おくれの思想」に対するアンダースの「偶像破壊者」という在り方を言い表すものでした。アーレントの「概念の系譜学」という方法も、世界をおびやかしている思想の由来を辿り、その後の歴史において思想が受けた歪曲や忘却を明らかにするものにほかなりませんでした。

政治の廃墟にあって世界を新生させる途を探し求めたそのアーレントが、また生＝活動という核心的概念からアーレントの思想を見事に開示してみせたクリステヴァが、自分の著作が単に研究対象にされるだけで終わったり、自分の講義が拝聴されるだけで済まされることを望んでいると思いますか。そんなはずはありません。およそ思想に関心を寄せる以上は、蔓延しているさまざまな形態の「時代おくれの思想」を、すなわち世界を破壊する力を、徹底的に批判し解体する役割を担うべきではないでしょうか。それこそアーレントが、そしてクリステヴァが「思考」と呼んだものであり、「証言としての哲学」の在り方だと思います。それは、ベンヤミンなら「神的暴力」と呼びそうな「緊急事態への正当防衛」（アンダース）として不可欠な「非暴力的抵抗」の一つの強力な形ではないでしょうか。そのためには恥辱と憤激を忘れることなく、どういう出来事についてもまず想像の翼を広げてイメージを描くことが必要です。イメージを失ったら、思考も感情も消えてしまうのですから。

訳者あとがき

本書は Julia Kristeva, *Hannah Arendt: Life is a Narrative*, trans.by Frank Collins, University of Toronto Press, 2001 の全訳である。「開講にあたって」に述べられているように、本書はクリステヴァがトロント大学の伝統ある「アレグザンダー・レクチャーズ」に招かれておこなった連続講義である。この講座は一九二八年以来ほぼ毎年、著名な学者や批評家を招聘し、英文学に関連する講義を開催してきたが、一九九九年に六九番目の講師となったのがクリステヴァであった。

講義（lecture）はもともと「読むこと」、とりわけ「暗号解読（déchiffre）」を意味する。表題にことさら「講義」とつけたのは、本書がアーレントの深層へ降りたって、そこから彼女の「思想」を読み解き、それが現代状況にとってどういう方向を示唆するかを示そうとしているからであって、類似した書名のものと区別するためだけではない。

精神分析学や言語理論に関する豊かな学識に基づいて、『恐怖の権力』、『ポリローグ』、『セメイオチケ』などでクリステヴァが繰り広げる精緻な議論に圧倒される思いがしたものである。ところが本書は、『天才女性』の第一巻『ハンナ・アーレント』から、アーレントの思想を取り扱っている部分を選んで加筆や削除をおこなった簡潔な叙述になっている。

ここでクリステヴァはアーレントの哲学の中核である〈生〉の概念が〈活動〉を意味することを明らかにし、しかもその〈生〉が〈語ること〉と切り離せず、両者は〈思考〉において結晶するというアーレント思想の根幹を、まるでアーレントの思想を実演するかのような語り方で講義をおこなっている。その話を聞いているうちに、クリステヴァがどういう〈人物〉であるかが分かってくるような気さえする。ここには多岐にわたる複雑な論証を重ねて読者を閉口させたかつてのクリステヴァの姿はなく、アーレントの綿密な解読を重ねながらその思想の真髄を的確に開示する講義は、時として熱く語る真摯な態度とともに間違いなく読者に感動を与えるにちがいない。しかも、アーレントにみいだされる矛盾や問題点も的確に指摘し、独自の見地からまっすぐな批判を加えているのは見事と言うほかはない。『人間の条件』のドイツ語版 *Vita Activa* の翻訳を試みて以来、ほぼ五〇年間さまざまなアーレント論を読む機会があったが、簡潔な記述でありながら、問題をこれほど手応えのある形で提示し、思考の喜びを感じさせるものに出会った記憶はない。

アーレントの愛弟子だった臨床心理学者エリザベス・ヤング゠ブリュールに、評価の高い *Hannah Arendt : For the Love of the World* という大著がある。これがアーレントの単なる伝記でないことは、副題に掲げられた「世界への愛を讃えて」という言葉に示されている。つまりヤング゠ブリュールは「世界への愛（Amor mundi）」こそアーレント思想の実質を示すものとして捉え、それを貴重だと思えばこそこの大著を書いたと考えられる。クリステヴァがこの講義で意図したのもそれに通じるところがある。というのも、「アーレント産業」などと揶揄される状況は今なお衰えそうもなく、詳細な研究書だけでなく多種多様な解説や紹介が氾濫しているが、クリステヴァは、アーレントの主題が「世界」であり、「世界」を打ち建てる人間の活動だと理解して、アーレントが取り組んだ課題の核心と真正面から取り組んでいるからである。そのことは、クリステヴァが講義の底本とした *Le génie féminin:La vie, la folie, les mots*, Fayard, 1999 の TOME PREMIER, *LA VIE : Hannah Arendt* という書名に示されている。しかもクリステヴァは、*l'action comme naissance et comme étrangeté* という副題を添えて、アーレントの「生（life）」という概念が「生誕であり新しいものの出現としての活動」にほかならないことを示している。第一講が Life is a story と題されているため、英訳者は Life Is a Narrative という副題を添えているが、これをそのまま日本語に言い換えても、その意味は伝わりそうもない。敢えて「新しい世界のために」という副題に変えたのは、誤解や無理解を防ぐとともに、アーレントの「生（life）」という概念の内実をどう受け止めるかを示すためである。

ニーチェが Leben という語で歴史（Geschichte）を意味したのと同じように、アーレントが life と言うときその背後には確実に、ドイツ語の Geschichte という言葉が響いている。Geschichte には「出来事」「物語」「歴史」という三つの意味が含まれている。クリステヴァはこの三つの意味をさらに分節化して、まず「出来事」を「人物があらわになる」事態とそれを生み出す「行為（プラクシス）」とに分ける。プラクシスを「行為と言葉の共同」とするアーレントの理解にもとづいて、クリステヴァはその次に当然のこととして「物語」について述べることになるが、narrative は「出来事や事実について詳しく知らせる」という意味の narrato というラテン語に由来するから、クリステヴァは「証言」について検討することになる。そして最後に、「歴史」において活躍するのは具体的にはもちろん「身体」であるから、「人物」というイメージと身体との関係が取り上げられることになる。そして歴史の基本構造を構成するものを「約束と赦し」のうちに見いだして、それを「判断（裁き）」との関係において論じている。

これが五回に分けて行われる講義の枠組みであり、それがいわば主題についての見事な「変奏曲」とも言うべき形で展開される。この講義が『天才女性』の単なる要約でないことは誰がみても一目でわかる。むしろアーレント思想の核心についてのクリステヴァによる〈証言〉と言うべきものである。しかし、その簡潔な叙述は簡潔であるだけに、それを述べるクリステヴァの息づかいや繊細な思考、さらにはそれぞれの言葉の奥行き、つまりその重みや射程に気づかれないままになりかねない。現場で講義を直に聴けばまだしも、翻訳でそこまで聴き取れるようにするのは至難どころかまず無理なことである。

テキストを読むということは、音楽でいえばスコアをみて曲を演奏することにひとしい。ハンナ・アーレントというひとりの「天才女性」が書いた楽譜を才媛ジュリア・クリステヴァが編曲したのが、この「ハンナ・アーレント講義」だとも言える。したがって、それを翻訳した本書は、クリステヴァによる「アーレントの主題による変奏曲」を聴いた訳者が自分なりの解釈にもとづき、日本語を使って曲を奏でてみたものであり、原曲のイメージを訳者なりに「表現」したものである。可能な限り原音に近い音を響かせ、ノイズを入れず、楽器の配置も聴き取れるほど精細度をあげようと心がけるのは訳者の当然の役割だが、その課題をどれだけ果たせているかは甚だ覚束ない。訳語をどう工夫しても、曲を奏でるには不足があるように思えて仕方がない。

楽譜に並んだ音符をどう響かせ、音符では表しつくせていないものをどう奏でるかが演奏者の課題だろうが、翻訳の場合にもそれと似た状況がある。つまり個々の単語には、もともと著者の思考を充分に表現するには不足がある。その単語の外に響いているものをも訳語によって表現するのはとうてい出来るはずがない。しかしその単語に盛り込めていない意味や響きを逐一そのつど説明していたら、曲は流れない。

ましてや珠玉のごとき名曲と言うべきクリステヴァの講義に解説を付け加えたり、要約して紹介したりするのは、言葉を超える言葉である音楽を言葉で語る愚行であろう。そうではなくて、訳文を補うものとして必要なのは、むしろ伴奏であろう。こう考えて添えたのが訳者の「解題」である。これはそういう意味での「伴奏」であり、クリステヴァの演奏を訳者なりに表現した訳文の表現を活かそうとするささやかな試みにすぎない。これが、クリステヴァによる講義の訳文とともに読まれることによって、本書全体がひとつの「協奏曲」に聴こえるなら、訳者にとってそれにまさる歓びはない。

クリステヴァはアーレントが課題とした活動＝生の概念を講義の核心に据えて、現代の状況におけるまっとうな政治的実践がどうあるべきかを示唆しようとしている。証言は未来への誘いであり、相手へのアピールである。本書が簡潔にして比類のないアーレント論となっているのは、クリステヴァの姿勢がまさにこの証言者の構えであればこそである。読者が著者のアピールに応え、その思考を共にする喜びに加わられるよう願ってやまない。

翻訳にあたっては、本講義の底本である Julia Kristeva, *Le génie féminin:La vie, la folie, les mots*, Fayard, 1999 の TOME PREMIER: *LA VIE : Hannah Arendt ou l'action comme naissance et comme étrangeté* を参照した。この著書の英訳 VOLUME ONE: *Life : Hannah Arendt or action as birth and estrangement*, trans. by Ross Guberman, Columbia University Press, 2001 も、該当箇所についてコリンズの訳と比較対照して大いに参考になった。なお、英訳では誤訳ないし不十分と思われる箇所については、クリステヴァのフランス語原文に基づいて訳した箇所があることをお断りする。

最後になったが、本書の刊行を快諾された論創社代表・森下紀夫氏には心から感謝申し上げる。刊行に至るまでの多大な負担を進んで担って、原稿の仕上がりを我慢強く待ちながら助言と激励を惜しまれなかった松永裕衣子氏に厚くお礼申し上げたい。

青木隆嘉

二〇一四年初秋

【著者紹介】
Julia Kristeva（ジュリア・クリステヴァ）
1941年ブルガリア生まれ、ドミニコ会修道女経営のフランス語学校を経てソフィア大学に進学ミハイル・バフチンに親しむ。卒業後フランスに移住して諸大学で研鑽を積む。特にリュシアン・ゴールドマンとロラン・バルトに師事した。『テル・ケル』グループに参加し、フーコー、デリダらとともに積極的メンバーとなり、言語理論から文芸批評、精神分析学、政治哲学など多岐にわたって活躍。パリ第7大学名誉教授、コロンビア大学客員教授。2004年「ホルベア国際記念賞」、2006年「政治思想のためのハンナ・アーレント賞」を受賞。
〈著書〉『セメイオチケ』、『ことば、この未知なるもの』、『テクストとしての小説』、『中国の女たち』、『記号の横断』、『ポリローグ』、『詩的言語の革命』、『恐怖の権力』、『愛の歴史＝物語』、『黒い太陽』、『サムライたち』、『プルースト』、『外国人』、『反抗の意味と無意味』、『内的反抗』、『反抗の未来』、『思想の危険について』、『ミクロポリティクス』、『天才女性』、『憎しみと赦し』、『信じ難き信仰の必要』、『時代の欲動』その他多数。

【訳者紹介】
青木隆嘉（あおき・たかよし）
1932年福岡県生まれ、京都大学大学院文学研究科博士課程（哲学専攻）満期退学。大阪女子大学名誉教授。
〈著書〉『ニーチェと政治』、『ニーチェを学ぶ人のために』、共著に『現代への問い』、『科学技術の進歩と人間の不安』『実践哲学の現在』、『過剰としてのプラクシス』ほか。
〈訳書〉アーレント『思索日記（Ⅰ，Ⅱ）』（レッシング・ドイツ連邦共和国翻訳賞受賞）、ヴィラ『アレントとハイデガー』、アンダース『時代おくれの人間（上・下）』、『世界なき人間』、『異端の思想』、『塔からの眺め』、ピヒト『ニーチェ』、カネッティ『蠅の苦しみ』、ブルーメンベルク『神話の変奏』ほか。

ハンナ・アーレント講義――新しい世界のために

2015年　3月　1日　初版第1刷印刷
2015年　3月10日　初版第1刷発行

著　者　ジュリア・クリステヴァ
訳　者　青木隆嘉
発行者　森下紀夫
発行所　論　創　社
東京都千代田区神田神保町2-23　北井ビル
tel. 03（3264）5254　fax. 03（3264）5232　web. http://www.ronso.co.jp/
振替口座　00160-1-155266
装幀／奥定泰之
印刷・製本／中央精版印刷　組版／フレックスアート
ISBN978-4-8460-1406-3